狼牙山五壮士的故事

赵 霞 编著

中国社会出版社

图书在版编目（CIP）数据

狼牙山五壮士的故事/赵霞编著.

北京：中国社会出版社，2006.9

（英雄故事丛书/朱司俊　徐　雁 主编）

ISBN 978－7－5087－1337－3

Ⅰ.狼...　Ⅱ.赵...　Ⅲ.革命烈士－生平事迹－中国

Ⅳ.K820.6

中国版本图书馆 CIP 数据核字（2006）第 105544 号

丛 书 名：英雄故事丛书

主　　编：朱司俊　徐　雁

书　　名：狼牙山五壮士的故事

编 著 者：赵　霞

责任编辑：杨　晖

出版发行：中国社会出版社　　　邮政编码：100032

通联方法：北京市西城区二龙路甲 33 号新龙大厦

电　　话：（010）66050647　（010）66051713　（010）66061708

网　　址：www.shcbs.com.cn

经　　销：各地新华书店

印刷装订：中国电影出版社印刷厂

开　　本：150mm×225mm　1/16

印　　张：11.25

字　　数：155 千字

版　　次：2012 年 3 月第 2 版

印　　次：**2014 年 9 月第 12 次印刷**

定　　价：18.50 元

编者的话

胡锦涛总书记在一次中央领导集体学习时，特别强调要铭记中国革命史。他说，要把学习中国革命史与加强理想信念教育紧密结合起来，做到任何时候、任何情况下，都坚持理想信念不动摇、革命意志不涣散、奋斗精神不懈怠。

一部中国革命史的核心内容和本质要义，自然是爱国主义、革命理想和革命英雄主义。要铭记中国革命史，就必须坚持并加强革命传统教育，就要突出向革命英雄学习，学习他们为了革命理想和共产主义信念前仆后继，不怕流血牺牲的大无畏革命精神。

这套《英雄故事丛书》应时而生、应运而生、应势而生。丛书首批精选了《雷锋的故事》《张思德的故事》《刘志丹的故事》《刘胡兰的故事》《黄继光的故事》《马本斋的故事》《赵一曼的故事》《江竹筠的故事》《杨靖宇的故事》《邱少云的故事》《董存瑞的故事》《狼牙山五壮士的故事》《方志敏的故事》《王若飞的故事》《向警予的故事》等十几位最具代表性的革命英雄人物的动人故事，奉献给广大读者。当我们开卷阅读这些生动、形象的理想信念教育和革命英雄主义教育的珍贵图书时，仿佛看见光辉璀璨和感人泪下的英雄群体列队正向我们大步走来；似乎听到了英雄们高声歌唱的《国际歌》；好像伸手就能够触摸到英雄们跳动的脉搏。通过这套丛书，我们又会真真切切地感觉到，英雄是民族的脊梁。中华民族正是因为有了一代又一代层出不穷的民族脊梁，才会在中国革命史上书写了一页又一页的光辉篇章，也才会有今天中华民族的伟大振兴。然而，在物欲横流面前，也有一部分人变成了金钱和物质的俘虏和奴隶。他们无视民族英雄的存在，把民族英雄、革命理想和光荣传统抛在脑后。当有人提议要进行革命英雄主义教育的时候，竟然会有人不屑一顾。据一次若干所中小学校的千人社会调查结果反映出，知道刘胡兰、黄继光、董存瑞等英雄人物的中小学生，竟然不足被调查人数的20%，能够说出英雄人物感人事迹的更是屈指可数。难道这还不令人深深叹息和无比痛心吗？

无疑，《英雄故事丛书》的读者是全体国民，但是其主体读者是广大青少年、解放军战士、青年工人、青年农民和大中小学生。100年前有识之士梁启超说过："少年智则国智，少年富则国富，少年强则国强，少年独立则国独立，少年自由则国自由，少年进步则国进步，少年胜于欧洲则国胜于欧洲，少年雄于地球则国雄于地球。"青少年永远是祖国的希望和未来，以爱国主义和革命英雄主义为主旨的"八荣八耻"教育，首先在广大青少年之中展开，不仅是现实的迫切需要，更有其远大的战略目标。

《英雄故事丛书》的作者，大都是40~50岁，他们以高度的责任心、丰富的社会经验、充实的历史知识、深邃的洞察能力、成熟的写作技巧融入的这套丛书，翔实厚重、手法灵活、视角独特、可读性强。他们为广大青少年读者奉献了一套内容丰富的精神食粮，一套不是教辅胜似教辅的好书。在此，我们代表广大读者，尤其是青少年读者，向这套丛书的作者表示由衷的谢意！

目录

引 子

2005 年 3 月 21 日 23 点 10 分，一位老人在湖南省衡阳市与世长辞。

这位老人的逝世牵动着亿万人的心。

在隆重纪念世界反法西斯战争暨中国抗日战争胜利六十周年之际，人民尤为怀念他。他是一名令日本侵略者闻风丧胆的八路军铁血壮士，一个感动了几代中国人的抗日英雄。这位老人就是狼牙山五壮士最后一位幸存者——葛振林。

英雄静静地走完了他 88 岁的生命旅程。2005 年 3 月 25 日清晨，天空飘起了蒙蒙细雨，雁城衡阳沉浸在一片悲痛的氛围之中。两千多名干部、军人、群众、学生和葛振林老英雄的亲人、老战友，胸前佩戴着白花，眼里噙满了泪水，来到衡阳市殡仪馆悼念大厅，沉痛悼念他们心中仰慕的英雄葛振林。

人们敬献的一盆盆鲜花、一个个花圈、一幅幅挽幛，将悼念大厅点缀得庄严、肃穆、凝重。葛振林的遗体摆放在悼念厅中央的水晶棺中，葛老一身戎装，神情安详、沉静。人们向英雄深深地三鞠躬，表达着心中的思念。

悼念厅外，白色的气球悬挂着挽联在风雨中摆动。一幅幅挽联寄托着人们无限的哀思——

壮士震狼牙纵身一瞬成大义，
悲歌承易水神州千古颂忠魂。

天地含悲，湘水呜咽，国人哀痛英雄已逝；
抗日英雄，铮铮铁骨，狼牙壮士精神永存。
……

60 多年前，在抗日战争最艰苦的岁月里，葛振林和他的四位战友，为了牵制日本侵略军，掩护我主力部队和几万群众转移，在子弹、手榴弹打光了之后，用石块狙击敌人，把敌人引到悬崖绝路——狼牙山顶峰。面对数千名日本鬼子，他们临危不惧，大义凛然，砸烂了枪支，纵身跳下悬崖。五位勇士的纵身一跃，被定格为中华民族抗日战争史上最悲壮的一幕，感动了整个中华民族。

60 多年后，人们没有忘记英雄。

在老人生活和工作过的湖南省衡阳市，在老人的家乡河北省曲阳县，在老人生前所在部队，人们同时为老人设置灵堂，用不同方式悼念老英雄。

来自湘潭县彭德怀希望小学和韶山市韶山希望小学的学生们，站在老人的遗体边宣誓："要永远学习和发扬'狼牙山五壮士'的革命精神。"

老师带领学生拿起课本，围成一圈在殡仪馆的走廊上大声朗诵课文《狼牙山五壮士》。童声穿越岁月的时光，久久在天空回荡，悼念的人们声泪俱下……

班长看看太阳，已是中午，但为了让领导机关和主力转移得更远更安全，全班决定再坚守一些时间。日军不知山上有多少八路军，继续猛攻不已，六班正好把日军往山上引，不觉太阳偏西，六班也快退到了山顶，班长边打边和大家商量：如果转移出去寻找主力，日军肯定会跟踪追击，于是 五个人一致同意退向山顶。到了山顶，已无路可退，山顶那边是悬崖峭壁，这边是敌人追兵，怎么办？子弹打光以后，班长拧开最后一颗手榴弹盖儿，大家都明白班长的意思，冷静迅速地向班长靠拢，但在手榴弹即将爆炸的瞬间，班长突然将手榴弹扔向敌群，然后一转身，面对悬崖，高喊，“跟我来！”跳了下去，其余四个人也学着班长的样子，一齐跳下悬崖……

老人走了，庭院中的那棵古树默然伫立，似在向远行的主人惜别。老人生前酷爱的这棵樟树苍翠虬劲，枝繁叶茂，久经风雨而不衰，屡历风霜而不枯。五壮士当年跃下山崖，是顽强生长在山腰上的树枝，挂住了他和战友宋学义。老人一生爱树、敬仰树，树给了他又一次生命，他与树有割舍不断的情结。

老人走了，门前的轮椅仍然沉默不语，似乎是在期盼它的主人归来。无数次孩子们簇拥在轮椅的周围，聆听葛爷爷讲英雄人物，讲战斗故事……

葛老从衡阳警备区离休以后，一直担任着衡阳市“关心下一代协会”名誉副主席和全国十多所中小学的校外辅导员。他说：“青少年是祖国的未来，关心他们就是关心我们的祖国。”他拖着伤病之躯，远赴北京、河北、广西、湖南等地，给青少年作报告，讲传统，讲爱国主义。十余年间报告三百余场次，听众达 40 万人之多，一场一场，老人乐此不疲。他给孩子们签名留念时最喜欢写的一句话是：“勿忘国耻，发愤图强，振我中华。”

一位大学生捧读着老人留给她的赠言，泪流满面，写道：“虽然葛爷爷离开了我们，但他的精神已经融入我们整个民族的血液中。他永远活着。”

老人又一次感动了中国——

勇抗敌寇誓死不降，惊天地泣鬼神中国钢铁汉；
垂范后人毕生努力，展示军威英气中华真英雄。

狼牙山五壮士的壮举表现出了我们中华民族不畏强敌，宁死不屈的民族气节，它是我们这个民族最宝贵的财富，应该流芳千古。

人民洒泪悼壮士，英雄魂归狼牙山。

英雄走了，但英雄的精神永垂不朽，他们的英勇事迹将激励着一代又一代中国人。面对巍峨峥嵘、耸立云端的狼牙山，面对气势恢弘的狼牙山五壮士纪念塔，人们再一次把目光聚焦于五位不屈不挠的勇士，思绪飘向那个战火纷飞的年代……

勇士参军

血海深仇——润堡子

河北省蔚县四面环山，这里是燕赵旅游胜地的组成部分，蔚县古称蔚州，又名萝川，是著名的“燕云十六州”之一。这片有着深厚历史文化底蕴的胜地，又因诞生了一位抗日勇士多了一份豪气。

1920 年 10 月的一天，位于蔚县壶流河北岸的陈家洼乡元皂村一户马姓农民家，一个男婴呱呱坠地了。男婴的出世无疑给这个贫寒的家庭带来了生气和欣喜。

这个孩子是家庭的第三个娃，上边的是两个姐姐。全家人似乎对男孩寄予了莫大的希望，并不仅仅是承接绵续马家的香火，对于穷苦的农民之家来说，生了男丁无疑就是一棵顶梁柱，是家族的希望。

父亲请了有学问的族长给儿子起了个好听又响亮的名字：润堡子。从名字上可以看出全家人对他的娇宠和钟爱。这个叫“润堡子”的男孩就是后来以惊天动地的壮举，震撼了中国乃至世界的狼牙山五壮士之一——晋察冀第一军分区一团七连二排六班班长马宝玉。

马宝玉虽然从小受到家庭的娇爱，但他却是个刚烈性子，生就的一付燕赵大地勇士的风骨。贫困的出身，苦难的磨炼以及命运的悲惨，培育了他不屈的性格和远大的志向。父亲用半生负重劳作、省吃俭用的积攒，送他读了一年私塾，把全部的希望寄托在了儿子身上。不料日本鬼子进了中国，老百姓便没了好日子过。“九·一八”后，日本侵略者占领东三省，中国面临亡国的危险，国家的命运和志士的鲜血燃起了小小马宝玉的爱国热情。

马宝玉 13 岁那年，突如其来的不幸接连袭击了这个家庭，父亲不幸中年早逝。年过花甲的爷爷强忍着丧子的悲痛，卖掉家里的骡子和车，埋葬了儿子。从此，家里断了顶梁柱，日子每况愈下。谁知两年后，马宝玉的母亲也患重病离开了人世。为了办丧事，爷爷含泪卖掉了家里的几亩好地。

接连遭遇的不幸，使家里的境遇非常艰难，缺吃少穿。在马宝玉 15 岁那年，他 72 岁的爷爷在饥寒交迫中去世。为了埋葬爷爷，年轻的马宝玉又卖掉了剩下的几亩土地。家里只剩下了奶奶和他兄弟姐妹六个艰难度日，老的老，小的小，一家人吃不饱穿不暖。为了养活他与妹妹和小弟，奶奶一狠心，将两个姐姐和一个妹妹送给人家当童养媳。姐姐妹妹被人家领走的那天，全家人哭作一团，仅有 11 岁的妹妹携着奶奶哭喊：“我不走！死也不离开咱家……”

撕心裂肺的哭喊声，永远烙在了马宝玉的心里。他发誓：自己要养活全家，多挣钱，一定把姐姐和妹妹赎回来。

第二年，马宝玉便带着九岁的弟弟宝山开始了流浪生涯。小哥俩儿翻山越岭，走村串巷，跑遍了蔚县沟沟坎坎找活儿干，给人家放羊、喂猪、跑腿儿什么都干。遇到好心的人了，多给几个钱，宝玉舍不得花，送回家里养活奶奶和小妹。若找不到活儿了，兄弟两个就沿街讨饭，讨的饭少了，宝玉就让弟弟吃，自己饿着。

小哥俩儿在苦难中一天天长大，风雨和磨难锻炼了马宝玉健壮的体魄、聪明机智，同时也培养了他坚忍不拔的意志和性格。为了养活全家，宝玉便去宣化县深井一家点心铺当学徒。半年后，日本鬼子占领了深井，学徒干不成了，便返回下元皂村。

1937 年卢沟桥事变以后，抗日战争全面爆发。日本侵略者先后占领了北平和平西地区，然后又直抵北岳山区。他看到是日本鬼子的残暴，杀人放火，汉奸恶棍的横行欺诈，看到的是穷苦百姓生活在水深火热之中的惨景，马宝玉在心里埋下了仇恨的种子。此时，我中国工农红军刚刚接受改编，八路军将士进入山西、河北开辟晋察冀抗日根据地。

1937 年 10 月，平型关大捷后，杨成武率领八路军一一五师独立团挺进敌后，战绩辉煌，连续攻克涞源、广灵、灵邱、蔚县、阳原、浑源等七个县。鬼子和汉奸被打跑了，根据地人民抗日情绪高涨，青壮年踊跃报名参加八路军，独立团不断发展壮大。

这一年，马宝玉刚过 17 岁，他给奶奶说："奶奶，我想参加八路军，打鬼子去！"

奶奶看着还是个孩子的宝玉，掉了泪。宝玉又说："不打跑鬼子，就没有好日子过。弟弟和小妹也都能干活儿了，会照顾好家的。"

奶奶擦着泪说："孩子，你就跟八路军走吧！别挂心家……"

马宝玉含泪告别了亲人，参加了八路军。马宝玉参军后被编入晋察冀军区杨成武的独立团二营七连。

当年的"叫花子"，今天却穿上了军装，专门打鬼子，马宝玉神气极了。

看那崭新的灰布军装，漂亮的军帽，千层底的圆口布鞋，腰间的皮带铜扣闪闪发亮。胸章上印着："国民革命军第十八集团军"，臂章上"八路军"三个大字格外醒目。穿着军装，走在蔚县的街头村庄里，乡亲们都投来羡慕的目光。

"那不是讨饭娃润堡子么？"乡亲们都知道马宝玉是个苦孩子，人人关心他，照顾他，给他好东西吃，对待他就像跟自家的亲人一样。一位大娘拉着他的手深情地说："孩子，当了八路军了，要狠狠地打鬼子，别忘了为咱死去的乡亲们报仇。"马宝玉含着眼泪说："大娘！您就放心吧，我会记着的，不打跑鬼子绝不回来！"

最使马宝玉难忘的是一位素不相识的老大娘救过他的命。

那是1939年秋末的一天，连长派马宝玉去易县执行一项特殊任务，回来途中，与两个鬼子遭遇。机智的马宝玉没等鬼子反应过来，随手投出一颗手榴弹，当场炸死一个鬼子，趁着爆炸的烟雾跳下了水沟。另一个鬼子向他猛追，并不停地射击，翻过一个土岭，一颗子弹正巧打在了左腿上，马宝玉一头栽下了坡岭。

这时，一位大娘和她孙子在坡岭下割草，见状慌忙叫她的孙子："桂子，快跑……把鬼子引开！"然后用草将马宝玉盖上。

引走了鬼子，大娘把他背进一个山洞里，撕了褂襟给他包扎好伤口。桂子靠着地熟沟多才甩掉了鬼子，桂子平安回来，马宝玉一颗悬着的心才放下来。

他因此对乡亲们有着无比深厚的阶级感情，有报不完的恩情。他时时刻刻不忘家仇，更不忘国恨，把家仇置于国恨之中。只要是对乡亲们对八路军有利的事，啥都干。他工作积极，作战勇敢，有一股使不完的劲，深得战士们和乡亲的喜爱。1939年年底，马宝玉加入中国共产党，同时被任命为七连六班班长。

1940年，晋察冀第一军分区一团参加北岳区反"扫荡"，部队转移到了蔚县桑干河畔，到了马宝玉的家乡，连长和指导员批准他回家看看亲人。

马宝玉已有三年没回家了，想着马上就要见到日夜想念的奶奶、弟弟和妹妹，心里非常激动。他唱着新学会的歌曲《在太行山上》，赶往下元皂村，走到离村子不远的小山头时，遇到了躲藏在树林里的本村青年锁柱，忙喊到：

“锁柱，你怎么在这里？家里咋样了？”

锁柱见是宝玉，又惊又喜，急忙向他说：“两天前鬼子带着汉奸来咱村‘扫荡’，烧房子，抢东西，让汉奸领着挨家挨户搜查‘抗属’，抓村干部，村里人死的死，逃的逃了……”

马宝玉说：“鬼子现在走了吗？”“听说八路军‘老一团’开过来了，鬼子撤走了。”

马宝玉拽起锁柱急忙往下元皂村跑，村里到处充满了血腥气，好多房屋还冒着青烟，村口、井边、碾盘旁横七竖八躺着惨死的乡亲。

马宝玉心急如焚跑进家门，一幕惨状展现在眼前：门板被摘走了，院里的树砍光了，撕烂的衣物，破碎的盆罐，撒满了院子。马宝玉大声喊着：“奶奶！奶奶!”奶奶躺在屋地上已断了气，9岁的妹妹被刺刀刺死，12岁的弟弟也死在锅台边。马宝玉不觉鲜血往上涌，两眼一黑，昏倒在地上。

当他苏醒后，乡亲们正守在他的身边。他站起来，逐一给乡亲们磕了头，把亲人埋在了院子里，然后去追赶部队。

他怀着对日本鬼子的刻骨仇恨，刻苦学习战术，苦练杀敌本领，每一次都使出全身的力气投入训练，队列、刺杀、投弹、射击项项过硬，很快成了全连的军事尖子。

提起马宝玉，没有人不记得他以一把铁锹夺得鬼子一支“三八大盖儿”枪的传奇故事。那是在易县阜西庄的一次伏击战中，一个鬼子小队被我军打了伏击，敌人负隅顽抗，退到一堵坍塌的墙头下，向我军射击。在我机枪的掩护下，战士们发起攻击，实施短兵相接。马宝玉操起一把铁锹冲了上去，一锹将一名鬼子劈死，夺下鬼子的“大盖儿”枪与敌人拼杀，那次战斗他一人消灭了5个鬼子，受到了团首长的表扬和嘉奖。

马宝玉不仅作战勇敢，而且有勇有谋，枪法好，会打仗，每次战斗都表现出了大智大勇，常常都是弹无虚发，一枪撂倒一个敌人，并多次立功受奖。连长十分欣赏马宝玉的胆识与性格以及不怕苦不怕死的拼命精神，每次有了“硬骨头”，都交给他去啃。

马宝玉先后参加了著名的东西庄战役、黄土岭战役、挺进冀中的战斗和破袭正太铁路的“百团大战”等。

两年后，这位叱咤风云的英雄带领他的六班五名战士，在狼牙山顶奏响了一曲动天地泣鬼神的壮丽赞歌。

颠沛流离——胡小秃和安小尚

1938年4月，七连六班补充了两名新战士，一名叫胡福才，一名叫胡德林。他俩在同一村，又是同姓，而且胡德林管胡福才叫叔。叔是胡福才，1913年10月出生；侄是胡德林，1917年7月出生，都是河北容城县平王乡郭村人。

平王乡郭村是个土地肥沃的小村庄，盛产粮棉，可肥沃的土地都叫地主老财霸占着，穷人照样受穷，胡福才家租种了地主的二亩土地，每年打了粮食交完租子所剩无几，有时揭不开锅了，胡福才就进山里摘山核桃、野果子，到城里卖钱买点粮食糊口，渡过饥荒。

胡福才小时候由于营养不良，头发又黄又稀，像个光头儿，都喊他“秃子”，时间长了，连名字也没人叫了，都叫他“胡小秃”。

直到胡小秃参加了八路军以后，“小秃”没人叫了，而“胡福才”三个字逐渐响亮起来，后来他成为一名威震敌寇的八路军勇士，在狼牙山为国捐躯。

胡德林比胡福才更不幸，他1917年出生在平王乡郭村，又名叫安小尚。安小尚的名字伴他度过了童年、少年的时光，直到他参加八路军前夕，才改为原名。他和他的族叔胡福才一样，在狼牙山一战，成为晋察冀抗日根据地一名叱咤风云的英雄。

胡德林的生父姓胡，父亲从小为地主扛长活儿，连顿饱饭也吃不上，一年到头累死累活，家里常常是吃了上顿没有下顿。父亲年纪轻轻便积劳成疾，常年患病，还要拖着病体为地主干活。然而“破屋偏遭连阴雨”，在胡德林只有五六岁的时候，他的父亲又得了重病，活儿也不能干了，长期卧床不起。母亲借钱拉债为父亲治病，小小的胡德林要天天跑药铺，给父亲抓药。母亲卖光了家产，连陪嫁的一对镯子也拿到当铺换了钱抓药，父亲的病总是不见好转，终于在一个寒冬腊月的一天，撇下他母子两个咽了气。

从此胡德林无依无靠，生活更是没有着落。村里人看着娘俩实在无法生活，就劝胡德林的母亲改嫁。并张罗着给找了一家同意带着孩子改嫁的人家。胡德林的娘起先死活不同意，说：“俺娘俩儿宁愿一起饿死，也不改嫁他人！”后来，在好心人的再三劝说下，母亲终于同意了改嫁。胡德林便随跟母亲迈进了本县李朗村安家的门，又随了继父姓。

胡德林被生活所迫，六七岁起就随继父下地干活儿，学会了农活的“十八般武艺”。但继父家也很穷，虽然置得二亩靠河边近的好地，可辛辛苦苦一年到头只能填饱肚子。遇上灾害之年，生活便没了保障，全靠借贷度日。

胡德林的继父是个老实人，脾性耿直，因他家那二亩好地挨着本村一户有钱有势大户人家的地，于是，大户起了歹心，欲把胡家二亩好地霸了去。那大户托人来到胡家，愿以二亩山地换胡家一亩好地，谁知被胡家驳了回去。得罪了大户，大户怀恨在心，便勾结官府给胡家捏造了罪名，胡德林的继父被官府抓了差，送到山上服苦役。一年后继父回来，连气加累落了一身病，再也不能干重活儿。日子每况愈下。

长大了的胡德林看在眼里，记在心里：这个世道太不公平了。他发誓：有朝一日要惩治那些有钱有势的“黑心人”，打倒欺压百姓的贪官污吏！

胡福才和胡德林家可谓同病相怜，生活是吃了上顿没下顿，并常被有钱的人家欺负。郭村与李朗村相距不远，土地连着边。胡福才比胡德林长 4 岁，叔侄俩常在一起干活，脾气相投，交往甚密。有一次，胡福才无意间砸死了一户有钱人家的鸭子，有钱人说是胡福才故意打死的，找到胡家要赔他鸭子，赔一只还不行，必须加两倍赔偿。并威胁说：“若三天内不送钱来，要把胡福才送官府治罪。”胡福才不敢回家，便跑到李朗村躲避。

叔侄俩对相同的遭遇表示极大地愤慨，胡福才说：“家不能呆了，不如我们到外面闯荡去！”胡德林早有这个想法，只是年龄小不敢出去，一听叔说，非常高兴。二人当晚收拾行李，拜别亲友，奔县城而去。

叔侄俩在容城县城为了填饱肚子，什么活儿都干，吃尽了苦头，但也磨炼出了一付好身板，养成了爱憎分明的性格，练就了不屈不挠的意志。

抗日战争爆发后，容城陷落，城里商人、百姓以及达官贵人纷纷外逃。日本鬼子到处奸淫烧杀，见东西就抢，整个县城洗劫一空。他俩儿也没了活儿干，东躲西藏，饱一顿，饥一顿。日寇实行“强化治安”和“奴化”政策，肆意屠杀手无寸铁的百姓，完全拿中国人不当人。胡福才叔侄俩看在眼里，恨在心中。他们望着城门楼上的“膏药旗”怒骂道：“不要看你们这些龟孙子现在横行霸道，老子早晚要叫你们去见阎王！”

第二天，他们听人说：八路军从太行山上下来了，专门打日本鬼子。还有人说：共产党八路军是神兵天将，鬼子汉奸一听说八路军打过来了，都吓破了胆。叔侄俩喜不自胜，便一起商量：我们参加八路军去，跟着共产党打鬼子！

“行！”

“走！”——两人的手握成了一个拳头。

1938年4月初，八路军突然出现在容城城下，八路军独立一师一团东进支队，为了配合宋时轮、邓华的独立支队挺进冀东，已跃过平汉铁路，进入冀中腹地一带活动。指挥这支东进支队的是陈正湘大队长和王道邦政委，他们开辟了冀东根据地，组织老百姓建立地方抗日政权，决定在容城狠狠打击日寇。

容城是东进支队进入冀中的大门，打容城也是东进之后的第一仗，战斗进行的非常惨烈。胡福才、胡德林听说八路军正在攻打容城，二人急忙赶到城外，帮着八路军运弹药、抬伤员、送水送饭。容城打了一天一夜，终于被八路军攻下，消灭了不少鬼子，剩余的鬼子弃城出逃。人们欢欣鼓舞，庆祝胜利，逃走的群众也回来了，好多青年报名参军。他们看到八路军战士排着整齐的队伍，肩上扛着枪，喊着口号，甭提多神气了。胡福才拉着胡德林来到报名处，负责登记的干部问道：

“你们为什么要参加八路军？”

“八路军是打鬼子的，我们要打鬼子，保家乡……”

“怕不怕死?”

“不怕!”二人坚决地回答。

干部将姓名、年龄、籍贯等一一写上，每人发了一套军装，一支“大盖”枪，分到了新兵连，叔侄俩儿编在了一个班，从此开始了崭新的生活。

参加了八路军，他们感到一切都那么新鲜，训练、学习文化、学唱歌曲，空闲了就帮着乡亲们干活。他们学会的第一首歌就是《大刀进行曲》:

大刀向鬼子们的头上砍去!
全国爱国的同胞们，
抗战的一天来到了，抗战的一天来到了!
前面有东北的义勇军，
后面有全国的老百姓。
咱们中国军队勇敢前进，看准那敌人!
把他们消灭，消灭，冲啊!
大刀向鬼子们的头上砍去——杀!

那雄壮有力的歌声，使叔侄俩儿热血沸腾，激情澎湃。

叔侄两个虽然饱受苦难，过着牛马不如的生活，但身体都十分结实，都是意志坚强、敢打敢拼的硬汉子。后来，部队转战冀东冀西，不断进行新的组编，他们分在了晋察冀军区一分区一团七连六班，班长就是马宝玉。

马宝玉带他俩儿如亲兄弟，手把手教射击，教战术。二人很快就掌握了各项军事要领，打起仗来绝不含糊，每次战斗都冲在前头，表现得十分勇敢，多次得到连、营和团的记功嘉奖。1941 年 9

月在狼牙山粉碎日寇“铁壁合围”战斗中，他们和班长马宝玉及六班战士一起纵身跳下悬崖，演绎了一曲中华民族不屈不挠的壮歌！

苦难童年——宋学义

宋学义1918年出生在河南省沁阳县王曲乡北孔村一个贫苦家庭里。宋家几代人生活在社会的最低层，过着牛马不如的生活，长期挣扎在死亡线上，历尽了艰辛，是中国亿万劳苦大众悲惨命运的缩影。

沁阳县王曲乡属于太行山区的余脉，北孔村又紧靠沁河，地势低洼，每到雨季，山洪暴发，沁河常常泛滥成灾，田地被淹，农民辛辛苦苦种的庄稼全泡在水里，颗粒无收。加上兵荒马乱、国民党及地主的盘剥，人们的日子苦不堪言。遇上大灾之年，人们只有背井离乡，逃荒要饭，卖儿卖女的十之八九。

宋学义出身于雇农家庭，祖父和父亲常年给地主扛长工，累死累活一年到头收的粮食还不够向地主交租子，全家只有靠筛下来的秕谷和糠壳掺着野菜度日。学义过着吃不饱穿不暖的苦日子。如果摊上了灾害，就只有去讨饭。

有一年的冬天，北风呼啸，家里早就断了粮，七八岁的学义实在饿得不行，便出去讨饭，穷人多，要不饱，便到地主门前去要，突然地主家的狗“汪汪”叫着扑上来就咬，小学义吓的回头便跑，碗也摔了，腿上被大黄狗狠狠咬了一口，鲜血直流，回到家母亲抱着他大哭。为了维持生计，父亲便让未成年的哥哥到太行山担挑挣钱，此后就长年累月以担挑为生。

为了不让学义讨饭，十岁那年宋学义被父亲送进沁阳县城的一家面铺蹬大箩，从此就当了童工，小小年纪干着大人干的活儿，整日把他累得筋疲力尽。但使他更难熬的是想家，想母亲、父亲和家里的亲人。有一次，宋学义想得实在受不了了，便偷偷跑回了家中。父亲一听说他回家掌柜的和师父不知道，气个半死，狠狠地把学义揍了一顿。第二天，父亲就带着他托了亲戚来到面铺向掌柜的谢罪。

大掌柜说："这孩子还小，干不了这活儿，你还是领回去吧。"

父亲一听忙向掌柜的下了跪："求求您老人家收下他吧，只要有口饭吃就行!"

亲戚也一旁为学义说好话，面铺掌柜这才勉强留下了。

在灾难深重的中国，在多灾多难的晋豫鲁黄泛地区，宋学义家似乎要比别的家庭遭受到更多的不幸与灾难。祖父在贫困交加中去世，无钱埋葬祖父，便只有向地主家借高利贷，而沉重的高利贷最终把这个羸弱的家庭压垮了。

1937 年，家里无法还清地主四十块银元的高利贷，狠心的地主乘机把宋家仅有的二亩保命田夺走了，从此，全家人的生活没有了依靠。这时，日寇已进军华北，国民党军向南败退，社会动荡，学义也失去了挣钱的活路，只好背井离乡跟着别人打零工。后来打零工的活路也找不到了，宋学义只好沿路乞讨，返回家乡。

日本鬼子进犯中原后，河南成为日寇的俎上肉，鬼子的飞机轮番轰炸，人民流离失所，苦不堪言。就在 1938 年春天，宋学义家灾祸接连不断，年幼的小妹光天化日之下被地主家抢走，顶了地租；弟弟在逃难中遭遇了鬼子，被鬼子一刀捅死；无情的灾难使父母双亲难以承受，一病不起，因无钱医治，病情愈来愈严重，不久，父母双双离开了人世。

埋葬了双亲，哥哥跟人下了煤窑，宋学义含泪离开了家乡，四处流浪。

1939年夏天，他在济源王屋山附近讨饭途中，遇到了抗日游击队——沁河支队，一听说是打鬼子的队伍，便毅然参加了沁河支队，从此扛起枪，走上了抗日救国的道路。

经过战争的考验与磨炼，宋学义最终成长为一名有觉悟、有理想的八路军战士。后来，沁河支队被编入八路军主力部队，转战到晋察冀抗日根据地，他被编入晋察冀第一军分区一团七连二排六班。

在八路军的队伍里，他如同进入了一个大学校，学到了很多从未听说过和从未见到过的事，所有的事和人都令他意想不到，根据地和连队里的每一件事，令他感动和感激。

当时他所在的部队驻扎在狼牙山地区，人员集中，适逢狼牙山区大旱，粮食歉收，百姓也很困难。部队粮食短缺，吃饭成了大问题，战士吃不饱，怎能行军打仗？这个情况被冀中的党组织和乡亲们知道了，冀中是产粮区，老百姓专门组织了“路东送粮队”，赶着大马车，推着独轮车，穿越平汉铁路线，一夜走了一百多里路，把粮食送到山区。有时日寇在铁路沿线封锁严密，粮食运不过来，老百姓就肩挑人扛，分散过路，硬是把粮食背到山区。狼牙山根据地群众也省吃俭用，宁愿自己挨饿，也要把粮食省下来送给战士们吃。每次打仗，乡亲们都是冒着生命危险抢救伤员，送水送饭，在危难关头，宁愿牺牲自己的亲人，也要保护好八路军战士，老百姓和他们就是一家人。宋学义深深感受到，八路军才是老百姓自己的队伍，老百姓是八路军的依靠，他要用实际行动来报答他们。

使宋学义更感佩的是，八路军的首长跟士兵们一样，不摆官架子，从司令员、团长到战士，穿的是一样的粗布衣，吃的是一样的小米饭，打起仗来，当官的总是冲在前头，在危难之时把死拉向自己，把生推给战士，官兵互相关心，互相帮助，就像亲兄弟，这样的部队怎么能不受到百姓的拥护呢？

宋学义参军后不久，就参加了著名的“百团大战”，在第二阶段攻克涞源的战斗中，他报名当上了突击队员，和他的六班战士一起冲锋陷阵，多次立功，受到了团的嘉奖。

宋学义和他所在的七连六班，长时期转战于敌后各个根据地，他一度跟老家失去了联系，但厄运仍然没有放过宋家，灾难频频向他的村庄和亲人们袭击：哥哥跟人到山西大同煤矿当了一名挖煤工，受尽了非人的折磨，不久被压死于煤井之下。日本侵略者占领沁阳后，到处烧杀抢掠，在日寇的血洗中，宋学义的婶母和堂弟等十几口老小皆惨死在鬼子的屠刀之下，他的姐姐、妹妹先后被卖到本地杨香村和江苏徐州。

6 年后，当绝路逢生的英雄带着妻子回到老家，面对的是亲人的杳无音讯，家庭一片废墟，英雄泣不成声。

历尽磨难——葛振林

1917 年 8 月，葛振林出生在河北保定西南部山区的一个贫穷的小山村里——曲阳县党城乡喜峪村。这个山村里老老少少都知道葛振林是在苦水里泡大的。

7 岁的时候，葛振林的母亲得了重病，因家里无钱医治，不久便离开了人世，小小葛振林从此失去了母爱，成为一名苦孩子。为了不饿肚子，他只好自己养活自己。七岁时开始跟着山里的孩子们上山割草。漫山遍野又高又厚的荆棘、野草比葛振林还高，又瘦又矮的他在野草丛里，拼命地割呀割，手被磨破了，握不住镰刀，就把手和镰刀捆在一起。有时把脚割破了，有时把手和腿割破了，鲜血流出来，染红了青草，疼得他直哭。

草割下来后，还要捆成草个子，一捆一捆背到山外有钱的人家里。一捆草仅能换回五分钱，五分钱只能买一个小馒头。碰上阴雨天或割了草无人要，便要饿肚子，葛振林只好讨来残羹剩饭充饥。

渐渐长大了后，饭量增大，靠割草已不能填饱肚子。曲阳县是出石头的地方，一些石匠把石头精雕细刻，做成石雕工艺品卖给有钱人。葛振林的亲戚告诉他，进山背石头，送到石匠铺，比割草能多挣钱。他便跟着伙伴们进山背石头，小小的年纪出着牛马力，累得满眼冒金星。有一次，葛振林背石头一下子晕倒在山道上，差点儿要了命，一病十多天，在一位好心的大叔照料下，才渐渐痊愈。那位大叔劝他：

“振林，别背石头了，你年龄这么小，累坏了身体怎么办？”

葛振林要强地说：“人家能干我也能干，我能挺住！”

大叔说：“孩子！背石头没有出头之日，你有骨气，不如出去闯一闯。”停了一会儿又说：“要不就跟我一起去煤窑里背煤吧，工钱也高，能背多少就背多少。”

于是，葛振林跟着大叔下了煤窑，当了四年“煤黑子”。

旧社会煤窑工说：“挖煤人是吃的阳间饭，干的是阴间活”。“煤黑子”在九层地狱下，整日与“阎王爷”打交道，随时都有丧命的危险。葛振林不怕，拼着命干，每背一趟、每上一层都累得头晕眼花，谁知到头来却是工头、窑头层层盘剥，自己根本挣不到钱，白替窑头卖命。因此，他恨透了这个不合理的人吃人的社会，对那些骑在穷人头上作威作福的剥削者充满了仇恨，恨不得砸碎这个社会和一切不合理的制度。

1937 年“七七事变”后不久，日寇占领了保定，曲阳县喜峪村周围数十里的村庄皆被鬼子洗劫殆尽，制造了许多惨绝人寰的惨案。他的家人和亲邻很多人都被鬼子杀害，房屋被烧，无家可归，他恨透了日本鬼子，决心为亲人们报仇。

1937 年 10 月，八路军开赴敌后，开辟建立了晋察冀抗日根据地，第三军分区主力部队来到曲阳，一边抗日，一边发动群众，开展减租减息运动，使农民真正当家作主。

葛振林积极参加革命活动，成为村里的抗日骨干，同时参加了民兵队，拿起枪配合主力部队打鬼子，除汉奸。他工作热情，一丝不苟，又有吃苦耐劳和不怕困难的精神，不久担任了民兵队长。在执行任务、配合作战中，他机智勇敢，出色地完成了各项任务，深得部队和群众的信赖。

这年年底，曲阳县城里的鬼子放假休息，趁他们喝酒、逛庙会的机会，葛振林带着几个民兵混进县城，刺探鬼子的情报。

要探出鬼子的真实情况，就得进入鬼子的营地，而鬼子戒备森严，一般人员难于接近营门。葛振林灵机一动，找了一副水桶，挑着两桶水来到鬼子北大营营门口，两个站岗的鬼子兵挺着刺刀拦住：

“你的……什么的干活？”

“我的良民的干活，给太君送水来啦！”葛振林镇静地回答。

鬼子搜遍了葛振林全身，没发现什么可疑的东西，便对着葛振林看。这时葛振林从怀里掏出一盒香烟，给鬼子每人一支，点着，随手把一盒香烟塞到鬼子兜里，两个鬼子很高兴：“你的良民的有，过去吧。”

进了营门，葛振林故意放慢脚步，四处观察，寻找伙房，把敌人的部署、位置、兵力等情况，都记在心里。倒完水，葛振林看到伙房后边的马厩里没有岗哨，悄悄走了过去。

这个马厩非常大，拴着几十匹大洋马，个个养的膘肥体壮。马厩里外堆着草料和树枝，旁边是两间大房子，像是仓库。葛振林忽然产生了一个念头：何不乘机把鬼子骑兵队的马匹干掉？他掏出洋火在隐避处点燃了草垛。然后，若无其事地担起水桶向营门走去。刚出营门口，一股浓烟从马厩里腾起，霎时，烈火熊熊，越烧越旺。接着敌营里哨子声、警笛声、马鸣声、鬼子的叫喊声响成一片。葛振林拐过墙角，丢下水桶撒腿就跑。

这一把火，烧得鬼子很惨，除烧死了十几匹、烧伤了几十匹东洋马外，还烧掉了鬼子的一批军用物资，更烧掉了鬼子的锐气。日寇为此大为恐慌，认为八路军已渗透到了城内，必须加强防守，据说日寇并因此放弃了一次对我军周围根据地的“清剿”计划。

葛振林的事迹在根据地广为流传，他因此被称为“英雄虎胆”似的人物，受到了区里的表扬，葛振林被授予“模范民兵队长”的光荣称号。

随着抗敌斗争的日益残酷，日寇加紧了对我根据地军民的“清剿”和“扫荡”，我八路军和地方游击队积极反“扫荡”、反“清剿”，狠狠打击了日本侵略者。但我军也遭到了巨大的损失，很多战士为国捐躯。为了补充兵源，把侵略者彻底赶出中国，根据地开展了轰轰烈烈的征兵工作，动员群众参军参战。

1939 年 3 月，晋察冀军区第三军分区地方工作团来曲阳县作征兵动员，在“好男儿上前线”保家卫国的参军热潮中，葛振林也报了名，他要上抗日战场第一线，真刀真枪地打鬼子，当一名真正的抗日英雄。

葛振林报名参军，区领导却舍不得放他走，但谁也拦不住，他说什么也要参加主力部队到前线去。葛振林参军后，分到八路军三分区新兵营，1940 年春军区整编，葛振林被补充到八路军独立师一团二营七连。

在多次战斗中，葛振林表现了一名优秀八路军战士的坚毅和勇敢，不怕牺牲，勇往直前，多次立功受奖，一年后被任命为“钢铁七连”二排六班副班长。1940 年 2 月葛振林光荣的加入了中国共产党，成为一名真正的共产主义战士，当他举起拳头在党旗下庄严宣誓时，情不自禁地泪流满面。

葛振林所在的六班是七连的“尖刀班”，班长就是以一柄铁锹夺得鬼子一杆“三八大盖儿”的英雄马宝玉。六班在马宝玉、葛振林的率领下出生入死，屡建奇功，他们为是八路军“红一团”和“英雄七连”的一名战士而感到自豪。每一次执行任务，六班都是精神饱满，斗志昂扬，出征前，马宝玉总是用他洪亮的声音点着战士们的名字：

“马宝玉、葛振林、胡福才、胡德林、宋学义……”然后唱着嘹亮的《八路军军歌》。

六班战士都会唱很多“抗战歌曲”，在全连中他们的歌唱得最响、最棒。特别是新学会的《八路军军歌》，那激昂雄壮的旋律激励着六班每个战士的斗志——

铁流两万五千里，直向着一个坚定的方向！
苦斗十年，锻炼成一支不可战胜的力量。
一旦强虏寇边疆，慷慨悲歌奔战场。
首战平型关，威名天下扬，
首战平型关，威名天下扬。嘿！
游击战，敌后方，铲除伪政权。
游击战，敌后方，坚持反扫荡。
钢刀插在敌胸膛，钢刀插在敌胸膛。
巍峨长白山，滔滔鸭绿江。誓复失地逐强梁。
争民族独立，求人类解放，
这神圣的重大责任，都担在我们双肩。……

六班高唱着《八路军军歌》，纵横在狼牙山每一座山头，驰骋于敌后抗日根据地的每一个战场，战斗的足迹踏遍了晋察冀边区的每一座村庄、每一寸土地。他们所在的“英雄七连”先后参加了百团大战、北岳区反扫荡、大龙华战斗、黄土岭战役、管头村战斗以及狼牙山“反扫荡”、“反分割”等著名的战役和战斗。

1941 年 9 月 25 日，在保卫狼牙山的战斗中，六班仅剩下了五名战士，与一千余名日寇血战到底，英勇不屈，最后奋勇跳下悬崖，以实际行动捍卫了狼牙山的神圣，用生命和鲜血谱写了一曲八路军抗击侵略者的英雄篇章！

日本法西斯暴行

血腥晋察冀

进入抗日战争中期，狼牙山根据地的重要作用日益明显，日本侵略者由于占据着平汉铁路沿线的广大平原地区，妄图进犯晋察冀根据地，狼牙山根据地就成了日寇西进的最大障碍。因此，从1939年开始，便对狼牙山周围的广大地区实施了野蛮的“三光政策”，连续制造了多起惨绝人寰的大惨案，犯下了不可饶恕的滔天罪行。

1938年的1月7日，位于保定西北的一个小村庄，遭受了日本鬼子惨无人道的奸淫抢掠。日寇派汉奸送给该村一封信，上写：大日本军禁卫二师团井下联队长训示，信中说：

“大日本皇军来到尔支那国，替尔剿匪，使尔等过太平日子，尔等理应前来慰劳。今在城内设立‘花市’，以供皇军娱乐，尔村应出花姑娘十五个，限三日内交到，倘有年老丑陋者，村长处死！”

在行唐附近的一个村子里，妇女们悲惨地成为了禽兽一般的鬼子发泄的对象。每到夜间，日本鬼子挂着战刀，拿着手电筒每家每户里搜寻，连草堆边，牛栏里都不放过。搜寻到年轻的姑娘和少妇全部掠到据点里。日寇据点犹如一个魔窟，时而传出妇女们悲惨的哭号；时而传出鬼子狂野淫乐的笑声。每天都有杀死的、撞死的、跳楼的妇女抛尸野外。

1938 年 9 月，日寇集结 5 万余兵力，分 25 路进攻八路军晋察冀抗日根据地，连续烧杀淫掠两个月。

在晋东南的丹河之滨，一次，鬼子捕捉到我游击队的踪影，集结重兵围剿，一名游击队员为掩护战友突围，被鬼子活捉了，鬼子汉奸软硬兼施劝他投降，战士宁死不屈，凶残的鬼子把他的眼睛剜去，血将整个的头部染成如一块刚出水的红布。然后，一个日本兵又用刺刀刺进他的胸膛，刺刀拔出，一颗冒着热气蠕动着的心插在了刀尖上。

在狼牙山五勇士陈列馆里，有一幅抗战时期拍下的真实的照片，照片被放大成一张巨型画幅，画面中一个十几岁的小男孩，赤着上身，怀里抱着一个一岁左右的小女孩，坐在门前一块大石头上。旁边的房子已被日本鬼子的炮火轰倒，房屋燃着火，冒着浓烟。小女孩哭喊着要找妈妈，懂事的小男孩努力撕拽着妹妹不让她挣脱。据图片说明：他们的父母被日本鬼子的大炮炸死了，当时在狼牙山区像这样失去父母的孩子很多很多。

晋南有一个名叫中村的村庄，鬼子“扫荡”之后，整个村庄被毁灭了，“附近找不到人烟，没有一个活影子，全是变成了火的燎原，一片荒凉。堆卧着一些受难的幽灵，房舍焚毁了。院落，街道，井边，是腐臭的尸骸，是膻腥的污血。地上的冰雪是红的，井水也失去澄清的珠沫了……树枝上，墙壁上，高挂着一个一个没有眼睛的骷髅，和不完整的女人的残破的肢体”。

还有一个名叫西北村的小山庄，“扫荡”的鬼子在这里盘踞了半个月。他们虽然没有抓到一个老百姓，但是这群法西斯暴徒却将村子烧光、东西抢光，鸡犬不留。整个村庄像是一座阴森的墓穴。

1939 年 7 月，日寇动用 14 万的兵力，分九路对晋东南抗日根据地进行了长达两个月的围攻，鬼子实行“灭绝式”的大屠杀。屠戮我根据地民众 15 万余人，粮食被焚劫一空。日寇还乘晋察冀边区淫雨成灾之机，决堤淹没了 1 万多个村庄，致使 300 余万百姓沦为灾民。10 月，日寇又纠集 2 万余人分成 12 路，围攻晋察冀抗日根据地，制造了一起又一起骇人听闻的惨案。

从 1938 年 10 月至 1940 年 10 月，日军逐步把主力转移到解放区战场，动用 50 多万兵力对我华北根据地进行了 100 多次千人以上规模的扫荡，实行杀光、烧光、抢光的“三光政策”，我八路军官兵伤亡 10 余万人。

1941 年 1 月，日军包围冀东丰润县潘家峪村，焚烧了该村全部房子，集中屠杀和烧杀 1340 多名村民，类似的屠杀在各抗日根据地和游击区比比皆是。

1941 年 8 月，日军集中十万人以上的兵力，采用“铁壁合围”、“梳篦式清剿”等战术对晋察冀北岳区进行空前的大“扫荡”，烧毁我房屋 15 万余间，抢掠粮食 5800 多万斤，残杀掳掠我根据地百姓两万多人。

1941 年至 1942 年间，日本把百分之七十五的侵华日军用来对付我晋察冀抗日根据地，频繁向各抗日根据地进行“扫荡”，一千人以上的“扫荡”达 170 余次，投入兵力达 83 万之多。

1942 年春季，日军在冀热辽区，自古北口到山海关约二百多里的长城两侧，承德、密云、迁安等九个县内制造无人区。日寇像一群疯狂的野兽，所到之处必是杀光、烧光、抢光，使大片大片土地荒无人烟，近 50 万中国人过着非人的生活。同年 5 月，日军又集结五万兵力对冀中根据地进行了残酷的大扫荡。

1943年秋天，日军以四万多兵力，在河北省阜平县平阳村一带疯狂扫荡87天，屠杀中国村民七百多人，烧毁房屋五千多间。日本侵略者在中国犯下的滔天罪行，真是罄竹难书。

在毛主席提出的人民战争方针的指导下，我根据地积极发展人民武装，成立了青年抗日先锋队、妇女自卫队等民兵组织。同时，各区、村的游击队也迅速发展起来，他们利用地雷战、地道战等各种形式同敌人展开了英勇坚决的斗争。日寇抓不住我八路军、游击队，就拿手无寸铁的老百姓开刀。从1939年开始，日军对狼牙山根据地进行了一次又一次的野蛮“扫荡”，制造了田岗、菜园、淇村、寨头等多起惨案。

据统计，从1937年到1945年8月15日，狼牙山根据地内，日寇共杀害我抗日军民5000多人，烧毁房屋22600多间。八年中，全国除西藏、西康、新疆、陕西、甘肃、宁夏、青海外，我国其他省份皆遭到日寇铁蹄蹂躏。伤亡总人数达3500多万人，掠夺财物不计其数，日寇行径之卑劣，手段之残忍，令人发指。下面仅是日寇在狼牙山附近制造的部分惨案。

骇人听闻的田岗惨案

1939年4月，大龙华战斗的胜利，激怒了日本法西斯，日本鬼子纠集了神石庄、梁格庄等地的侵华日军，对设在大龙华战斗的指挥机关所在地田岗村进行了野蛮的报复，制造了骇人听闻的“田岗惨案”。

1939年8月12日，这是一个血雨腥风的日子，六百多名日伪军疯狗一般突然包围了田岗村。清晨，天空阴云密布，全村里鸡飞狗叫，哭声一片，鬼子把田岗村五百余名老百姓都赶到戏楼前，大人全部倒捆上胳膊，连老人也不放过。

鬼子里三层外三层把全村人围了个严严实实，男人和妇女分开关押起来。晚上，鬼子把男人和妇女挨个拉出去审问：

“谁是八路军，谁是干部，八路军都到哪儿去了?”

但是，群众没有一个人开口。

第二天上午，日军把一部分男人驱赶到田岗村西大沟旁，继续逼问：“谁是八路？谁是干部？说出来的可以免死!”

村民没有一个怕死的，都不搭理，怒目相视。

这时气极败坏的日本鬼子架起了机枪，向手无寸铁的人群疯狂扫射，37 名无辜的百姓当场倒在了血泊之中。鬼子又把村里的妇女们反锁在一间房子里，在房子四周堆满了干柴，浇上汽油，企图全部浇死。当火点着了后，人们拼命撞开后窗，逃出火海，幸得生存，但全村六百多间房屋及财产全部被鬼子烧光，这就是田岗惨案。

东娄山“五四”惨案

东娄山村地处定兴、徐水、易县的三县交界地带，是我第一军分区通向平原地区的咽喉，战略位置十分重要。东娄山村是晋察冀边区最先建立起来的敌后根据地之一，抗日活动十分活跃。这里也是定兴、易县、徐水三个县的党、政、群、军机关所在地。群众工作开展得很好，抗战情绪高涨，被称为八路军和党政机关的“堡垒村”。

1941 年 5 月 3 日晚，东娄山村的青年团员们正连夜排练庆“五四”文艺节目。5 月 4 日拂晓，日寇纠集东罗村等七个据点的鬼子汉奸一千多人，突然包围了东娄山村。被围在村内的有一分区三团侦察连的部分战士和县委机关人员。鬼子像疯了的狗一样扑进村子，实行了灭绝人性的屠杀。

日寇在路口用机枪向村中疯狂扫射，被困在村里的我党政军民英勇阻击，同敌人展开了殊死的搏斗，但终因敌众我寡，村庄被鬼子攻破。除一分区三团侦察连和县委基干队突围成功外，其余全被困在村内。穷凶极恶的日寇见人就杀，连孩子也不放过，使我党政干部和群众遭到重大伤亡，科长以下干部共牺牲40余人，十余人被俘，东娄山村有二十四名群众牺牲，定兴县县委书记于江同志也在此次惨案中壮烈牺牲。

惨无人道的菜园惨案

1942年5月2日，侵华日军对狼牙山地区进行大规模的“扫荡”。

上午九时许，日寇将菜园、娄山、于家庄等村的男女老幼一千多人围堵到狼牙山棋盘陀下的花草峪。被围的人群中，有菜园村的党支部书记、区民兵大队长许连生的妻子魏彩珍、徐水县县长的儿子唐小树等我党政干部家属。

鬼子开始从人群中逐个拉人，逼问道：

“八路军的伤员在哪儿?”

“军粮藏在哪里?”……

村民们将魏彩珍和唐小树围在中间，没有一个人吭声。敌人达不到目的，就用刺刀挨个挑，连吃奶的孩子也不放过。魏彩珍、唐小树终于被认出来，拉出场外进行拷打，逼着说出八路军和县区干部的下落。魏彩珍痛骂敌人，宁死不屈，惨无人道的鬼子向魏彩珍连刺七刀，壮烈牺牲。年幼的唐小树也被刺成重伤。然后日寇又向手无寸铁的群众大开杀戒，放火烧村。

这次惨案，仅菜园一个村在花草峪就有三十多人惨死在日寇的屠刀下，一百多人被刺成重伤，村子烧成了一片焦土。这就是惨无人道的菜园惨案。

惨绝人寰的淇村“血井”惨案

1943年春，侵华日军开始了对狼牙山地区近一百天的“大扫荡”，为狼牙山“铁壁合围”的惨败伺机进行报复。

农历一月二十日，塘湖、界安、独乐等据点的二百多名日伪军，挟持着几个村的一千余名群众，向西步乐村集合，然后再进一步向北淇村一带“扫荡”。

我区大队负责放哨的除奸队队长郭凤仙同志，为保护群众来不及躲避被敌人抓住。鬼子对郭凤仙进行严刑拷打，百般折磨，逼问八路军和军粮的去向。但郭凤仙宁死不屈，什么都不说。

隐藏在村西山沟里的北淇村二百多名群众也被鬼子包围了。鬼子拷问郭凤仙：

“一团哪里去了？粮食藏在什么地方？”

“呸！……”

“打！——狠狠地打！”鬼子气急败坏地吼着。

郭凤仙被打得几次晕死了过去，但他始终咬紧牙关，绝不向鬼子屈服，使得鬼子毫无办法。

中午，日寇经过一番策划，然后如野狼般嗥叫着，把北淇村的人统统赶到井台边上。接着两名鬼子把村民刘恒利拽了出来，推进三丈多深的井里，紧跟着就是一块大石头砸下去，鲜血迸出。然后又推第二个，第三个，第四个……一层人，一层石头，整整推下去八层人，砸了八层石头。扔到井里的群众共有33人，连老人、孩子和哑巴也都不放过，水井变成了血井。日寇并不罢休，还放火烧毁房屋140多间。在这次惨案中，北淇村人民遭受了巨大的损失。是为惨绝人寰的“淇村血井”惨案！

解放后，当地群众和青少年自动捐款，在血井上盖起了纪念亭，并刻石碑，以缅怀在抗日战争中死难的人们。

震惊中外的寨头惨案

1943年，侵华日军华北派遣军第二十六师团第十一联队，由涞源进犯易县，在寨头村设立据点，来回“扫荡”易县的桥家河、坡仓、良岗一带。

1943年11月3日，寨头村农会主任崔洛阳等人俘虏了一名日军，当时杏树台村驻有我八路军的一个后勤机关，而这天正好杏树台村的游击组长赵保勋也在寨头村，崔洛阳等人便把这名日军交由赵保勋押送去杏树台村，而赵保勋返回寨头村于半路上被日军抓住。

1943年11月5日至8日，日军实施“大搜捕”报复行动，先后在寨头、杏树台、桥家河等村搜捕到我游击组员和群众110人，其中有7名是八路军伤病员。鬼子将搜捕到的人员全部关押在寨头村，进行残酷折磨，严刑拷打，逼问八路军的去向，粮食藏在哪里和那名被俘日军的下落。折腾了半天，但所有被拷问人员没有一人回答，只是怒目而视。日军恼羞成怒，便对我游击队家属和伤员下了毒手。

野兽般的鬼子将游击组长赵元登的妻子割去鼻子和一个乳房，村长赵协兴的妻子被日军百般侮辱，然后用烧红的铁丝穿透胳膊绑在大树上，一名八路军伤员被日军用指挥刀劈成两半。

经过两天的折磨，有几十人致伤致残。1943年11月9日，日军又在寨头村外挖了八个埋人坑。

下午，穷凶极恶的日军把人们捆押到坑前，再次进行审讯，所有人员宁死不屈，最后凶残的日军挨个挑死后推入坑中，其中有一名不足两岁的婴儿也未逃过日本法西斯的屠刀。被搜捕去的110人中，后经群众抢救，只有三人脱险，其余一百零八人全部惨遭杀害坑埋，其中七名是我八路军伤病员，这就是震惊中外的“寨头惨案”。

抗日战争胜利后，易县人民政府在寨头村东为被日寇残害的群众和八路军伤病员，修建了纪念亭，告诫后人，牢记日本侵略者欠下的一笔笔血债。1993 年河北省人民政府又拨专款在寨头村修建了“黄土岭战斗纪念馆”。

侵略者用自己的暴行，在根据地人民的心灵划下了一道道伤口，同时也种下了颗颗仇恨的种子。日寇的目的就是要用“暴虐”和“武力”迫使中国及中国人民“畏服”，放弃抵抗，屈膝投降。然而，血的事实却教训了中国人民，在法西斯的暴行面前，任何软弱、求饶和引颈受戮都是无济于事的，唯有奋起抗争，才能保家卫国。日本法西斯暴行的后面涌起的正是埋葬侵略者的汪洋。

巍巍狼牙山

狼牙山雄姿

狼牙山是一座美丽的山！

狼牙山，坐落于易水河畔、河北省易县西部的太行山东麓，距易县县城40余公里，因其山势险峻，奇峰林立，酷似狼牙，直刺云天，故称狼牙山。

狼牙山因八路军五勇士浴血抗击日寇舍身跳崖而闻名于世。这座英雄的山，连同五勇士的英名，传遍了长城内外，大江南北。

狼牙山又是一座雄险奇伟、景色秀丽的名山。早在两千多年前的战国时期，“狼山竞秀”景观就驰名燕赵，被列为当时燕国十景之一。

河北省易县，古称易州，因易水而得名。始建于隋开皇十六年，为易州治，明废县而入易州，1913年改为易县。历经一千多年的沿革变迁，可谓物华天宝，人杰地灵。站在狼牙山顶，极目远望，易水犹如一条银色的缎带，透过那平缓而激昂的历史波涛，仿佛能听见两千多年前的那曲慷慨悲歌逶迤传来——

“风萧萧兮易水寒，壮士一去兮不复还！”……

狼牙山共由五陀三十六峰组成，主峰海拔1105米。东西走向50余公里，南北走向30余公里。棋盘陀主峰上西、北两面峭壁千仞，东面与南面略为低缓，并各有一条羊肠小道通往主峰。但“阎王鼻子”、“小鬼儿脸”等险要之处则需贴紧岩壁才能通过，令人胆战心惊。登高远眺，观千峰万岭犹如大海中的波涛，起伏跌宕。西侧近望，但见石林耸立，自然天成，大小莲花峰如一朵朵出水的芙蓉，傲然怒放，涧峡间云雾缥缈，神奇莫测。真是超凡脱俗，突兀雄险。

在一座高高的馒头山的掩饰下，陡然挺立着一座座矩尺型的奇峰，参差不齐，直插云霄，形似狼牙。险峰无路可通，山与山之间，峰与峰之间流淌着一层水气，云雾缭绕，给山披上了一层白白的轻纱，但却遮蒙不住黄色雄混的山脊和郁郁葱葱的山间植被。

狼牙山自然风光绮丽，漫山遍布苍松翠柏，又有道道飞瀑流泉。山上动物和植物资源非常丰富，不乏虎、狼、豺、蟒等凶猛虫兽，更有黄羊、乌鸡、锦鸡等十余种动物珍禽。漫山遍野苍苍莽莽，有松树、柏树、桦树、枫树等北方树种二三百种之多。狼牙山因不同季节时令景色也有各迥异，春季草木葱郁，山坡、沟崖、岩缝间开满了山花；夏季山泉淙淙流泻，沁凉清爽；秋季气爽天高，漫山红叶；冬季则银装素裹，分外妖娆。并有“红玛瑙溶洞”、“仙人桥”、“饮虎池”、“棋盘陀”、“南天门”、孙祖洞、九奶奶庙等五十多个天然胜景及古今人文景观点缀其间。

这么壮美峭丽的峰峦，能不称赞其大自然的造化神功之伟大?!

因此狼牙山又是一座绿色生态山，今人把她与黄山媲美，便誉作“北方小黄山”。

位于半山腰的“红玛瑙溶洞”，是我国十分罕见的红玛瑙质构成的自然景观，据学者介绍，溶洞的形成距今已有16亿多年的历史。洞通高90米、宽50米，共有6个层面，四十多处景点。进入洞来，拾级攀援而上，不仅能领路惊险奇绝的景色，还能感受当年战斗的壮烈场面，因为这里是通向狼牙山顶的必经之道。

在通往狼牙山主峰——棋盘陀顶峰的一处悬崖旁，有一块天然形成的岩石，酷似棋盘，约三尺见方，石面纹理纵横。它耸立于群山之上，险峻异常，就连山羊在它面前也不敢轻易攀登，矫健的苍鹰也只能在它的腰间盘旋。

从山间的南石口到棋盘陀有路，而且是唯一的“路”，那只是巨石累累，荆棘丛生的一个陡崖。要攀上顶峰，光靠脚还不行，还要用手，手脚并用，攀着岩缝、树枝，荆棘、丛草才能爬上去，一不留神，就有坠落万丈深渊的危险。

传说孙膑与师傅鬼谷子常在此布棋为乐，棋盘陀由此而得名。但当地老百姓对棋盘陀却流传着无数个古老而离奇的神话传说：

很久很久以前，一位樵夫打柴经过棋盘陀，看见两个须发皆白的仙叟在此对弈（孙膑向鬼谷子学兵法），两人在一块大石头上画了个棋盘，开始对弈。一盘又一盘，难分胜负。饿了，鬼谷子就吐一口仙气，亭子边的桃树马上就结出了可口的桃子，他们边吃桃子边战棋。樵夫见奇，便驻足观看，看罢一局棋，等他回到家后发现世上已过去几百年了，而留在陀上的大石棋盘和樵夫吃剩的核桃，后来变成了一个铁块。成为对美丽传说的永恒记载。

另一个传说则更为美丽：

相传这里是月中嫦娥同人间一个打柴青年下棋的地方。嫦娥吃了仙药，飞到月宫后，十分想念人间的生活，便在一天晚上，偷偷离开月宫来到人间。她恍恍惚惚飘落在狼牙山下一个小村子里，村外有个靠打柴度日的青年，发现从天上飘下来一名仙女，急忙奔了过去。这时嫦娥十分口渴，便向青年讨水喝。青年高兴地将仙女领到家中。

青年拿瓢舀来山泉水，嫦娥喝完水忽闪着一双美丽的大眼睛注视着青年："王母娘娘一会儿就会找到我，你能领我看一眼人间的美景吗?"

青年一听犯了难："人间这么大，怎么领你看呢?"嫦娥说"那就请山神爷帮帮忙吧。"说完，她从头上拔下一根银簪，在空中一划，说了声："嫦娥求见山神爷!"

山神爷霎时便出现在眼前。听了嫦娥的请求，山神爷说："你们就站在狼牙山顶，居高临下，能够看得很远，来，我给你们修条路。"说罢山神爷出了房门，从腰间抽出一把斧子，朝狼牙山劈去。只听"轰隆"一声巨响，眼前出现了一条弯弯曲曲的登山路。

嫦娥和青年沿着小路登上山顶，山顶荆棘遍地，凹凸不平，无法站立。

山神爷说："我再给你们修个看台吧。"话落又劈了一斧，把一个山头齐齐地削平了。嫦娥同青年席地而坐，尽情地观赏人间美景。过了一会儿，嫦娥要和青年下棋玩，青年作了难，哪有棋子?忽然看见大石旁的树，便抽出腰间斧子砍了树枝当棋子，又用斧刃在石上划上棋格子。

二人玩得正高兴，忽见空中雾气腾腾，喊声震天。嫦娥大惊：这是月宫派人来寻找她了，急匆匆谢过青年，飞向空中。

那青年一看仙女飞走了，便哭着大呼山神爷，山神也无能为力。青年便哀求道："你就让我变成一棵树吧，永远站在这棋盘旁，等待仙女回来!”

山神很同情他，就让他变成了一棵树，挺立在山顶上。棋盘陀上那株古柏就是那名痴情的青年，年年岁岁守着一个美丽的期待。

褡裢陀山势极为陡峭，但半山腰却有一块平地，过去曾建有庙宇，名曰“老君堂”，老君堂依洞而建，半是人工，半是天然，原有庙宇惜已毁于动乱年代。殿后有名为“仙人洞”的天然溶洞，洞深约十余米，宽约五米，洞内有一泉水常年不断，泉水清凉甘冽，传说天上太上老君曾在此修行。

蚕姑陀，又叫姑姑陀，是狼牙山五陀之最，山势险要，风景优美，山上有庙，胜景颇多，据史书记载，此处为燕昭王当年求仙之处。

在蚕姑陀半山腰，有一座灵峰院，俗称尼姑圣母院。原有佛殿二十余间，现称蚕姑圣母殿，殿宇楼阁历经千载仍保存完好。据碑文记载，灵峰院历史悠久，为五代时所建，此后历代都曾对它进行过修葺，堪称为一座“千年古刹”。蚕姑殿内香火旺盛，香烟缭绕。

狼牙山又是一座历史文化名山。狼牙山最早称“瓦都寨”。据史书记载，汉太子刘据因受奸臣御史江光诬陷，其子刘郎随母逃至“瓦都寨”避难，因而得名“郎山”。又因群峰林立，状似狼牙，才被后人称为“狼牙山”。因而又有了风景绮丽的“狼山竞秀”。

狼牙山文化底蕴深厚，留存下许多人文遗迹，有老君堂、孙祖洞、三教堂等文化胜景多处。三教堂供奉“如来、老子、孔子”佛道儒三祖，堪称中华奇观。山上还有多处古今文人墨客的题词。

清朝自雍正以后的皇帝都葬在易县，后称清西陵，如今是世界文化遗产。

狼牙山的名胜皆出名于传说中亦神亦仙的古人，而棋盘陀道观里的道士却是实实在在的现代人。道士以庙为家，历经数十载，把道观经营的颇有生机。道观里原有十几位道士，自日本法西斯占领我晋察冀三省后，烧杀抢掠，实行其野蛮的“三光”政策，燕赵大地，到处布满了战火，这块“清静之地”也被硝烟“熏”得面目全非。

日寇从 1939 年开始，对我北岳山区进行惨无人道的大“扫荡”，特别是对狼牙山这块红色抗日根据地实施“铁壁合围”战术，百姓们背井离乡，纷纷逃难。道观里的道士为避战火，大部分已远走他乡。只有老道长和一个弟子不肯离去，死守道观。

李道长年轻时曾是戎马军人，在吴佩孚手下任过营长，日寇的暴行激起了李道长强烈的民族义愤，本想拿起枪杆子尽忠报国，终因年岁不许和种种不能解脱的烦忧而逃离红尘。但他却对时事看得非常清楚，日寇侵略兽行，必将落个自取灭亡的下场。他对共产党八路军的爱国爱民之心和勇于抵御外侮的义举，充满了敬重感佩之情，在我八路军义举的感召之下，李道长毅然投入到抗敌斗争活动中，为抗日根据地军民做了不少善事，因而成为我八路军的亲密朋友，常与我八路军游击队来往，杨成武司令员经常是李道长的座上客。

杨成武后来回忆起这段往事，他在“我与李老道成密友”一节里写道：

> 1940 年初春的一个中午，我正在北娄山司令部里翻阅政治部编印的《工作通讯》，秘书陈子端走进来对我说：“司令员，狼牙山上的棋盘陀老道下山来了。”我心里一喜，连忙走到屋外，只见远处一位头戴道士帽、身穿黑白相间四方格道袍的老人，手挽一个柳条筐，在一位战士的指点下，正向我们司令部走来。

去年11月，司令部第一次驻北娄山，我曾在山路上巧遇这位从棋盘陀寺庙下来化缘行医的老道……

从那以后，我与李老道交上了朋友。他时常来看我，不是给我们带点狼牙山上的苹果就是带点杏子，要不就是带点红薯。狼牙山上的苹果味道十分香甜，据说古时候是专给皇帝进贡的。老道在山上种的红薯也很好吃。他每次来，我也回赠他一些东西，同时也跟他扯些抗日的事。看得出，他是有爱国心的，对我们的抗日工作很支持。在反"扫荡"前，我们不少被服和装具送上狼牙山，都是在他热心帮助下坚壁到秘密山洞里的。在异族入侵，国破家亡的危急关头，连出家人也都挺身而起，毅然投入保卫中华民族的斗争，成了我们的亲密朋友，这是多叫人兴奋和感慨的事啊！

李道长的道观是一分区一团频繁活动的地方，指挥部和团机关就经常设在这里，道观后还架设了"飞线"电话和天线。道长待一团战士就像自家人，常常拿出自己的东西慰劳干部战士，他又是一名老中医，用自己的医术和草药为战士和乡亲们治病疗伤，从来不收取费用，战士们待他也像亲人一般。

有一次，鬼子进山"清剿"，从一个山洞里搜出了八路军未来得及转移的一批被服，当鬼子要烧掉这批被服时，曾在军阀部队学过几句日语的李道长挺身而出，用日语向日军长官说："这座山上很有神灵，若烧了衣服就是犯了禁忌，会对皇军的不吉利，还是还给大山的好。"

鬼子竟想不到这荒僻的狼牙山上，会冒出来一位如此仙风道骨且会讲日语的道士来，那名日军长官颇有些迷信思想，心中犯疑，认为这是神喻，便命令部队放下衣物退出山谷，这批被服完好无损地保存下来。

后来，这位李道长便和“狼牙山五勇士”的壮举联系在一起，并用自己的医术和草药救治了两名幸存者葛振林和宋学义，从而给“狼牙山五壮士”绝路逢生增添了神来的一笔。

狼牙山是晋察冀边区东大门，狼牙山自古以来就有着极其重要的战略位置。远远望去，群峰突兀连绵、壁若刀劈斧凿，峥嵘险峻。它不仅在军事上占有重要地位，而且是抗日根据地的武器装备库。

狼牙山根据地是晋察冀抗日根据地的重要组成部分，“五壮士”的英雄事迹使狼牙山扬名中外。60余年来，狼牙山五壮士的英勇事迹广为传扬，英雄的赞歌久唱不衰。狼牙山令千百万热血男儿所倾倒，激励着无数中华优秀儿女的豪情壮志。

立在棋盘陀峭岩上俯身向下看去，深涧万丈，从下到上刀斫斧砍一般！山谷里虽有荆棘小树茅草，掉下去也要碎骨粉身的。东面和北面的山涧稍缓一点，唯这西面的山涧幽幽森森的吓人！可五勇士偏偏选择了这面跳崖，可见他们以死殉国绝不当俘虏的英雄气概和大无畏精神。

狼牙山根据地的贡献

狼牙山以其独特的地理位置和特殊的地形地貌成为我敌后抗日军民的一道天然屏障。

1940年春，晋察冀军区一分区主力部队根据斗争形势的需要，决定利用作战间隙，实施政治整军方略。因为部队在大龙华歼灭战、黄土岭战役等一系列重大胜利的鼓舞下，整个部队群情振奋，士气高昂，求战情绪更加高涨，军民关系更加密切。为了保持这股革命干劲，有必要从政治思想上对部队进行整顿，以进一步提高部队的战斗力。另外为了长期的抗敌斗争，对战略要地狼牙山进行实地勘察。因为这一时期一分区机关和主力部队都开始集中到这一地区，所以军分区决定以狼牙山为中心，对莲花山、五公寨、水泉山、五回岭、白石山等重要地形地貌进行了改造和建设，使本来易守难攻的狼牙山更加险固，成为我军重要的军事阵地。

狼牙山抗日根据地自建立之日起至抗日战争胜利结束，在晋察冀抗日根据地中一直发挥着极其重要的作用，它既是晋察冀根据地的东大门，又是八路军对日作战的基地和大后方，同时也是打击日寇的前哨阵地。

第一军分区进入狼牙山地区后，干部战士深入到每一个村庄，走家串户宣传《抗日救国十大纲领》，开展群众工作，与贫苦农民建立了深厚的感情。每个县区都建立了“三三制”政权，开展生产自救和减租减息运动。

八路军称自己是人民的子弟兵，老百姓把八路军当作自家人，当战士们进入村庄，热情的山区人民挂起标语迎接亲人的到来。有的村民敲起锣打起鼓，欢迎八路军战士，不少老人争着上前认亲。端起南瓜玉米粥、拎着核桃、板栗等山果，送到亲人的面前。

根据地的广大群众抗战热情十分高涨，建立了广泛的抗日统一战线，狼牙山抗日军民同侵华日军进行了无数次的英勇战斗，不仅沉重打击了敌人的嚣张气焰，而且有力地遏制了侵华日军西进的势头，粉碎了侵华日军妄图摧毁我晋察冀抗日根据地的美梦，保卫了敌后根据地。狼牙山区人民也付出了巨大的牺牲，抗日战争期间，光易县就有四千多人光荣参军，1500 多名党员为保卫根据地而壮烈牺牲。

狼牙山根据地的不断壮大和发展，引起了日寇的极大恐慌和仇视，为了消灭我抗日根据地，日本帝国主义采取了严密的经济封锁政策，妄图用这种办法困死、饿死我根据地军民。我军积极响应毛主席提出的“自力更生，丰衣足食”的伟大号召，开展了轰轰烈烈的大生产运动，军民团结一心，开荒生产，自给自足。

歌曲《二月里来》就是反映开展生产运动时的情景，那首歌脍炙人口，狼牙山上下到处是一片歌声——

二月里来呀好风光，家家户户种田忙，
只盼望今年哪收成好，多收下谷物送军粮。
二月里来呀好风光，家家户户种田忙，
种瓜的得瓜呀，种豆的得豆，谁种下仇恨自己遭殃，
……
不共戴天的仇人是东洋，他比那黄河的水灾还要猖狂，
打鬼子的方法呀有多种，在后方生产也是一样，
今年要开荒啊二十万，比往年要多产二十万担粮……

还有那首《晋察冀》：

晋察冀，晋察冀，模范的抗日根据地。
这里高山起伏，平原千里，都是我们中国的好土地。
敌人占了我们的铁路线和大城市，
广大的乡村都在咱手里……

一首首歌曲连接起纯真的感情，战士们与根据地群众结成了“鱼水关系”，有了这种鱼水关系，八路军就能站稳脚跟，中国共产党的敌后政权才能得以巩固，才能组成牢固的抗击日本侵略者的

“铁壁铜墙”。

在战斗的洗礼中，狼牙山抗日根据地迅速成长壮大起来。1939年1月，中共易县县委建立，县委建立后，积极发展党员队伍，在农村普遍建立了党的基层组织，动员全民抗战，并领导农民开展了以抗日为中心的减租减息和民主宪政运动，积极组织广大民众抗战支前，抗日情绪空前高涨，为根据地的建设和巩固奠定了坚实的基础。

在抗日战争最艰苦的防御阶段，为了粉碎日本侵略者推行的“治安强化”、“三光政策”，狼牙山人民进行了艰苦卓绝的反“扫荡”斗争。为克服困难局面，易县县委领导人民开展了群众性的大生产运动，以丰富自己，支援部队，发展人民武装，配合八路军作战。各区、村的游击队、游击小组利用各种形式打击和骚扰敌人，搅扰得敌人惶惶不可终日。同时，根据地的人民在县委领导下，积极地筹粮筹款，保障部队的供给。在支前工作中，妇女做军鞋，男儿上战场，组织担架队、运输队和侦察小组协助八路军作战。在根据地兵即是民，民即是兵，军民团结奋战，粉碎了日寇一次次野蛮的“扫荡”。

在残酷的对敌斗争中，狼牙山区涌现出了大批的英雄模范人物，如子弟兵的老大哥崔洛唐，女爆破英雄隰志华，抗日英雄张文海，劳动模范葛存，等等。正是由于根据地军民的密切配合，英勇战斗，才取得了大龙华战斗和黄土岭战斗等一系列重大胜利。

狼牙山根据地从她建立的那一天起，始终坚持着毛主席的人民战争思想，经过战争的考验，不断巩固、壮大，坚如磐石，成为日寇不可逾越的屏障，为晋察冀根据地的巩固和发展，为抗日战争的最后胜利，作出了不可磨灭的贡献。

狼牙山奇迹

狼牙山又是一座神奇的山。

人们看到狼牙山西边的巅崖。是千百年来令人所景仰的名胜。

对棋盘陀上的神奇传说，只是人们寄托的一种向往与思念。而自从1941年9月25日以后，人们已不醉倒于一块大石头作为标记的奇丽传说，而是那曾经为诗人所颂扬的五位勇士慷慨悲歌的故事。从那天起，狼牙山地区、晋察冀边区和全中国的每一个人都在仰望着傲然屹立的棋盘陀。

狼牙山不仅以雄伟的气势、奇绝的天险令世人倾倒，而且以五壮士的英雄气概令天下人折服。看群山峦峰起伏，大气磅礴，峥嵘竞秀，犹如五勇士顶天立地，气贯山河。那高大雄伟的“狼牙山五勇士纪念塔”就屹立在棋盘陀之巅。在距此不远的一切绝壁上，竖立着五勇士纪念碑，再现了当年马宝玉、葛振林、胡福才、胡德林、宋学义视死如归，奋勇跳崖的神情。五勇士以三人以身殉国，二人绝路逢生的壮举，演绎出抗日战场上一段英勇悲壮的传奇故事。

站在纪念塔塔顶凉亭下，俯瞰千峰竞立，云翠环绕，狼牙山雄姿尽收眼底，此景此情，真有千万感慨荡漾心头。当年英雄的七连在狼牙山地区辗转战斗了许多年，每一座山峰、每一道沟坎都是那么熟悉，六班五位勇士更是对这里的峰峰陀陀、沟沟坎坎了如指掌，他们本来在完成阻击任务后，可以安全撤离。但五位勇士想到的不是个人安危，而是大部队和乡亲们的危难与生死，毅然将日寇引向绝顶，最后弹尽粮绝，英勇跳崖，创造了中国抗战史上的一个奇迹！

山里人说：狼牙山自古就是多奇迹。

勇士们战斗了一天一夜，滴水未进，已是筋疲力尽，面对万丈深渊，纵身一跳，这是抱定了必死的决心，别说是一名受伤的人，就是一块石头跌下深谷，也必是“粉身碎骨”。可是副班长葛振林和战士宋学义却意外地被峭壁上极少的树丛挂在了半山腰间，奇迹般生还。尔后，二人又带重伤以超乎常人的毅力爬回山顶，沿着原路走了数百米，返回到道观中，这难道不是一个奇迹吗！

这是人创造出的生命的奇迹，是信念和勇气创造的奇迹！只有为祖国而战的英雄才能创造这样的奇迹！

狼牙山“奇”还不止于此。

狼牙山还流传着这样一个故事：1941 年 9 月 26 日，也就是五勇士跳崖后的第二天，据当地群众回忆：当时，游击队和乡亲们前去寻找“五壮士”的遗体，大家担心的是牺牲的八路军战士遗体被野兽糟蹋。因为这狼牙山中有许多狼，豹子、野狗等也经常出没。可是到了山下，看到牺牲了的八路军战士一个个都安详地躺在地上，好像刚刚睡着了一般。村民们又看到被“五勇士”打死的日本鬼子的尸体，却已被野兽啃得面目全非。于是，便有了“狼牙山的狼也是爱国的”这一说法。

狼牙山因五壮士的奇迹而增添了许多新的内涵，它如一个顶天立地的伟丈夫，不畏强暴，不畏艰险，成为中华民族不屈的象征，像晋察冀抗日军民宁折不弯的脊梁！

狼牙山的确是一座雄伟的山，英雄的山！

粉碎 “铁壁合围”

严阵以待

1941 到 1942 年间，是抗日战争最困难的时期，困难来自日寇对我抗日根据地的残酷“扫荡”和蒋介石的封锁，还有根据地的严重自然灾害。

百团大战后，日军对华北各根据地实行了全面封锁和“蚕食”政策。日军在根据地周围大量修建据点、碉堡，挖封锁沟，修筑铁路和公路，采取步步为营的战术，从根据地边沿地区不断向腹地推进。两年间，日军在华北新建碉堡七千七百多个，挖封锁沟 11860 公里，新建和修复铁路 752 公里，修筑公路 37351 公里，根据地被分割成支离破碎的小块地区。

在一个冀中区，从 1941 年 3 月起，日军就对我根据地进行全面“蚕食”行动，1942 年 5 月又进行了空前的“五一大扫荡”。修建了 7753 个据点，挖掘了 8573 里封锁沟，整个冀中被分割为 2670 个小块。

在全面“蚕食”的同时，日军又对根据地加紧实行“囚笼政策”，利用占领的城市和铁路、公路交通线，构筑碉堡、封锁沟、封锁墙、铁丝网，将根据地进一步分割为许多小块，以限制根据地军民的活动，并逐步向根据地腹地压缩包围。

在“扫荡”期间，日寇对根据地实行野蛮残酷的烧光、杀光、抢光的“三光”政策，所到之处，鸡犬不留。

日军的封锁给我抗日根据地带来了严重困难，一些地区日用必需品几乎断绝，在极端困难的日子里，根据地军民以树皮、草根果腹。活动受到极大的限制，不仅在平原、而且在山区也削弱了大部队的机动性和进行运动战的条件。到 1942 年，根据地的面积和人口比原来大为缩小；八路军的兵力从四十余万减少到三十万，新四军从十三万五千减少到十一万。

在中国共产党的领导下，晋察冀军区和各级地方党政组织克服重重困难，实现了最广泛的民族统一战线，海内外中华儿女地不分南北、人不分老幼，团结一致，共同抗日，聚合了中国近代历史进程中空前的民族团结精神，形成了真正战胜日本侵略者的无坚不摧的力量源泉。在毛主席《论持久战》思想精神的指引下，中国人民始终充满着必胜的信心，不怕牺牲、不怕困难、不畏强敌，浴血奋战，进行了艰苦卓绝、不屈不挠的抗争。积极采用运动战、阵地战、游击战、地道战、地雷战、麻雀战等多种作战方法，灵活机动地钳制和打击敌人，使数百万日军陷入人民战争的汪洋大海之中。

1941 年，抗日战争进入极端困难的相持阶段，日本帝国主义除了对我国各抗日根据地实行了军事、政治、经济、文化相结合的“总力战”和“三光”政策外，在进剿上则采取“远程迂回、铁壁合围”的战术，不惜血本对我晋察冀北岳区、狼牙山根据地进行“梳篦式清剿”的空前大“扫荡”。

狼牙山，是晋察冀根据地的东大门，是晋察冀军区第一军分区的重要军事基地，狼牙山根据地的巩固成为日寇进攻我晋察冀根据地不可逾越的屏障。它既是第一军分区党政军领导机关和主力部队的常驻地区，又是我军民抗击敌人的好战场。为了巩固这块来之不易的抗日根据地，彻底粉碎敌人的“扫荡”和封锁、分割、“蚕食”，有效地保存自己，消灭敌人，一分区杨成武司令员在狼牙山指挥部召开了紧急会议，研究敌人的作战部署，加紧做好反“扫荡”准备，带领着连以上干部把狼牙山周围每一座山头，每一条道路、沟沟岭岭都勘察的清清楚楚。

早在 1940 年春天，八路军战士们对狼牙山地区进行了人工改造。他们根据地形地貌，构筑了隐蔽工事，开辟了掩体和通道，在各险要处设置了障碍。新开辟的三条环形小道，把“神仙桥”、“阎王鼻子”、“通天凳”等险关隘口，变成了我们有路可行、敌人望之却步的要卡。同时我军根据地形地物架起了通讯联络网，创造了电话“飞线”，将电话线架设在敌人不易发现又不易攀登的山峰顶上，所有山顶都能互相连接起来，保证了部队指挥畅达，成了我抗日军民的“顺风耳”。

另外，我军还在狼牙山上修筑了很多战备仓库，储存物资、枪支弹药。整座狼牙山就像一个固若金汤的城池，日军每次“进剿”皆对狼牙山毫无办法。因此，日寇视狼牙山根据地为眼中钉，肉中刺，恨不得把狼牙山根据地一口吃掉。

1941 年 8 月 13 日，侵华日军华北方面军司令官冈村宁次重新部署，调集重兵，分十三路开始对晋察冀抗日根据地北岳、平西区进行“铁壁合围”大“扫荡”，并由方面军最高司令官冈村宁次亲自指挥。这次“较量”敌我双方投入的兵力是：日寇参战部队：

冈村宁次调集的日军第二十一、第二十六、第三十四、第三十

六、第四十一、第一一〇等六个师团和第二、第三、第四、第八、第九、第十五等独立混成旅团各一部及伪军共七万余人，日军把这次“扫荡”称之为“百万大战”，以示对八路军发动“百团大战”的报复。我军参战部队：

晋察冀军区司令员兼政治委员聂荣臻指挥的军区所属部队四万余人 。

日军狂妄至极，扬言要一举荡平我整个晋察冀边区根据地，消灭我八路军主力部队。

这次秋季反“扫荡”战役进行了两个多月，是一次八路军晋察冀军区全面粉碎日伪军对晋察冀抗日根据地大规模扫荡的战役。战役共分三个阶段进行。

1941 年 8 月 13 日至 9 月 7 日，为反“扫荡”的第一阶段。由于晋察冀军区已有准备，日伪军的第一次合围扑空。8 月 29 日，日军再次纠集重兵进行大合围。

1941 年 31 日，边区党政军机关 7000 余人陷入一个东西约 25 公里，南北约 30 公里的狭小圈子里。日军数架飞机轮番轰炸，包围圈越来越小，我军处境十分不利。在危机情况下，司令员聂荣臻等军区首长冷静分析敌情，决定派出一个侦察分队，携带一部电台，于 31 日黄昏到雷堡以东的台峪地区，以“军区呼号”呼叫，故意暴露目标，制造假象，以吸引敌人主力。

果然，日伪军 7000 余人于 1941 年 9 月 2 日下午向台峪合击。晋察冀边区党政军机关乘机利用夜间晦暗，由雷堡向西进至 40 余公里外的常家渠一带山区，停止电台联络和烧火做饭，分散隐蔽，从而成功地迷惑和甩掉了敌人。

冈村宁次是日本法西斯军队中最著名的战将之一。一提到他，老一辈中国人几乎无人不知晓。在第二次世界大战期间的日军诸高级将领中，冈村宁次侵华的历史最久。

在侵华战场上，冈村宁次先后担任过日本上海派遣军副参谋长、关东军副参谋长、第二师团长和日本第十一军、华北方面军、第六方面军司令官等职，最后成为指挥百余万侵华日军的总司令官，中国派遣军总司令官。是日本军国主义在中国实行野蛮的烧光、杀光、抢光“三光”政策的忠实执行者，是一个双手沾满了中国人民鲜血的刽子手。

8 月 20 日，日军总司令冈村宁茨亲自来到驻保定地区的日军第二十一师团督战，耀武扬威地坐上飞机进行视察。还动用了八架战斗机和轰炸机前后护驾，在我狼牙山根据地上空盘旋俯冲，轰炸扫射，以壮其声威。

担任正面进攻任务的日军，是由步兵一三三旅团及各配属部队组成的兵团，这是一支正规化训练的王牌部队，兵团长官是井田美武少将。跟随井田美武“扫荡”的还有被称为所谓的“山地战”专家高见大佐。日军同时从易县、满城、徐水、金坡、大王店等据点及保定各路向我狼牙山根据地扑来。

日军由铁杆汉奸赵玉昆率领的易县警备团带路，仗着地熟消息灵的优势条件，行进非常迅速，直扑我区县党政机关和八路军频繁活动的地区。

坚守在狼牙山下的是“狼牙山五壮士”所在的晋察冀军区第一军分区杨成武部第一团，团长就是令日伪军十分害怕的邱蔚。进入 8 月以来，一团与狼牙山根据地二千多名民兵游击队密切配合，运用灵活机动的战略战术与敌人巧妙周旋。他们时而隐蔽于狼牙山麓，时而出没于易水河两岸，埋地雷，设陷阱，打伏击，神出鬼没，打的日寇晕头转向。日军没有占到一点便宜，而损失了不少兵力。

1941年9月7日至25日，为反“扫荡”的第二阶段。日伪军合围计划落空后，即以三分之二的兵力，调至各要点和交通干线上待机而动；以三分之一的兵力，留在抗日根据地内，实行分区“清剿”，或化装成八路军和群众，继续寻找我主力部队、分散部队和机关及地方组织；或抓捕、屠杀人民群众，抢粮、抢物、烧房屋等。战斗进行的异常惨烈。

针对敌人暴行，晋察冀军区一方面集中主力一部，打击日寇“清剿”部队；另一方面，避开敌人锋芒，开展更为分散的游击战争。

1941年9月24日，日伪军3500余人，多方出击合围隐蔽在狼牙山区的涞源、易县、徐水与满城四个县的党政机关和数万群众。晋察冀军区第一军分区遂以两个团的兵力吸引、牵制敌人，第一团乘隙掩护数万干部和群众突围。

1941年25日，第七连第二排完成掩护任务后，来不及摆脱敌人，第六班班长马宝玉、副班长葛振林等五人为了掩护连排主力撤退，毅然把敌人引向主峰棋盘陀。他们连续打垮了敌人十几次冲锋，歼敌90余人，直至弹尽粮绝。最后，5人高呼口号，一齐跳下悬崖。这就是广为传颂的“狼牙山五壮士”。

1941年9月26日至10月17日，为反“扫荡”的第三阶段。日伪军不甘心“扫荡”的失败，一边撤退、一边实行合击。为此，晋察冀军区决定：集中主力，大量杀伤日伪军有生力量，迅速逼其撤退。至10月17日，前来“扫荡”的日伪军已基本撤退，以失败而告终。

这次“铁壁合围”大“扫荡”是日军对我根据地较大的不惜血本的军事行动，这次行动令中国瞩目，令世界瞩目，我八路军战士上演了中国抗战史上最为壮烈的一幕。

1941 年从 8 月始，日寇在狼牙山周围“扫荡”了一个多月，不但连八路军的影子也没看到，反而被我民兵、游击队袭扰得顾头不顾尾，击毙击伤 300 余人，缴获了一批武器弹药。日寇没有占到便宜，像发疯的狼狗一样，四处猛扑，见房屋就烧，见人就杀，见粮食就抢。在鬼子一个多月的“扫荡”里，共烧毁房屋 15 万余间，抢掠粮食近 6000 余万斤，财物无数。

日军没有达到消灭我八路军主力的目的，“铁壁合围”收获不大，兵团指挥官井田美武大为不满，气急败坏地来到前沿指挥官高见的指挥所，将高见和水上源藏大佐等大骂了一通：

“你们的军事的不行！完全的蠢猪的一个！太丢我大日本皇军的脸……”

高见和水上源藏急忙立正，接连几个“哈依!”之后，便向总指挥官报告说：

“不是皇军的无能，是八路的太狡猾了!”

井田美武凶狠地瞪了高见二人一眼：“八路的主力现在什么地方?”

高见和水上源藏又一个立正：“将军！八路的，统统的逃进了狼牙山……”

日军经过认真分析，越来越认为狼牙山根据地是最大的威胁，犹如楔在他们身上的一颗“钉子”。他们恨不得将“钉子”拔掉，把狼牙山所有的山峰都铲平。日寇之所以对狼牙山根据地恨之入骨，还因为隐藏于狼牙山的八路军这支主力部队正是威震华北、参加黄土岭战役击毙日本名将阿部规秀的“红一团”。现在担任该团团长的是邱蔚，人皆称为“邱部队”。提起邱蔚这个名字，日寇和汉奸便十分恐慌，像老鼠见猫一样。因此鬼子把邱蔚蔑称为一条凶猛的“鳄鱼”，一闻到“邱蔚团”的味，便不惜代价组织一张“战网”，狂扑过来，妄图将“邱蔚团”一网打尽，以解心头之恨。

鬼子使用各种手段来制造谣言和假象，以稳定军心。他们甚至捏造并在伪报纸上刊登“邱蔚被俘”的消息，我抗日军民当然知道日寇玩的是什么把戏。此时，这只“鳄鱼”——邱蔚团长，正和他的一团指战员们在狼牙山上修筑工事，严阵以待，布下了一张“地雷网”，单等着鬼子来钻。

在1941年9月初，日寇沿平汉铁路大量增调军需物资，集中兵力准备向我晋察冀抗日根据地大举进犯。狼牙山根据地第一军分区部队，积极配合各级党组织和游击队疏散群众，坚壁清野，掩护群众向狼牙山纵深转移。6日，鬼子的先头部队400余人已经到了狼牙山脚下的管头村一带。为了打乱日寇的“扫荡”计划，夺取其全部的军需物资，一团决定挫挫小鬼子的锐气。

北管头村距狼牙山不足十里，是我八路军的“堡垒村”，在鬼子先头部队到来之前，群众及大部分牲畜都已转移上山，留下了一座空村。黄昏时分，团长邱蔚叫通讯员去找七连连长刘福山，不一会儿刘福山跑步来到团部：

“报告！团长——有情况？”

“老刘！来，有任务！”邱蔚接着说，“团部决定先给小鬼子一个‘见面礼’，你带几个熟悉地形的战士，到管头村摸一下鬼子兵力情况，注意隐蔽，速去速回。全体同志整装待命！”

“是！”

刘福山率领六班班长马宝玉、战士胡福才向管头村奔去，靠近村子时天已全黑了下来。3个人在一个土冈上隐蔽了，朝村里观望动静，鬼子除了在村外设了几个岗哨外，大部分住在村东头的祠堂里，有些鬼子还吃着东西，有些鬼子在休息，好像很疲惫的样子。

马宝玉说：“连长，你俩在这儿等着，我近前看看敌人武器情况。”刘福山说：“注意隐蔽！”

十几分钟后，马宝玉气喘吁吁地回来：“连长，鬼子有四五门山炮，三四挺机枪，好像一挺重机枪，其余都是步枪。鬼子伪军分两个院子住，鬼子住祠堂，伪军住祠堂外的场屋，估计有三四百人，重武器都在鬼子这边。”

“好，撤！快向团长报告。”

根据侦查结果，邱蔚作了周密部署，决定趁鬼子立足未稳打他个措手不及。

晚上十点钟，一团战士悄悄向管头村行进。夜十一点战斗打响了，一连、七连首先进入预定地点，向祠堂发起攻击。敌人被突如其来的袭击吓蒙了，一时间日军和伪军都乱了营，哨子声、叫喊声响成一片：

“八路的来了……”

“八路的哪里有？”

有实战经验的日军队长急忙稳住阵营，大吼：

“慌乱的不要！八路的主力的不是，小小的游击队的干活！”

这是一支日军劲旅，短暂的慌乱后，马上镇定下来，迅速进入阵地向我军还击。没想到日军投入战斗竟然这么快。原来，经过多日的扫荡，敌人长驱直入，没有见到八路主力的影子，只是与小股民兵游击队交过火，认为我军摄于“皇军之威力”，早吓得躲进山里去了。因此骄横起来，疏于戒备。

但狡猾的日军队长“尝”过八路的厉害，思想却也不敢麻痹，睡觉前先把机枪架在院子里和房顶上，一旦有情况能马上投入战斗，并加强了岗哨。

战斗开始时日军仅死伤了数十人，损失并不大，这时敌人凭着强大的火力与我军对峙起来。我军也出现了一些伤亡。二排六班九名战士在班长马宝玉率领下冲在与敌人最短的距离，但日军机枪火力太猛，像刮风的一样，压得战士们抬不起头来，这时，六班已有二人受了伤。

马宝玉看到战士受伤，一时性起，大吼一声，几个翻滚跃出敌人火力圈，然后匍匐到敌机枪的侧翼，爬到一棵老树的树杈上，瞄准房顶上的日军重机枪手，"啪"的一枪，将其击毙。

敌人机枪顿时哑了，这时七连战士趁机发起冲锋，和鬼子开展巷战。日寇失去了机枪的庇护，又摸不清八路军的情况，阵脚大乱，已经抵挡不住，死伤大半，丢下武器，残余部分向易县方向溃逃。

这次袭击战大获全胜，缴获了日寇大批武器弹药，进一步鼓舞了狼牙山抗日军民的士气，马宝玉和六班战士集体立功，六班也因之被称为"尖刀班"。

骄横成性的日军一旦吃了亏，总是要重整兵力，前来报复。他们在狼牙山脚下吃了败仗，更加对狼牙山和八路军仇视，被称为山地作战"俊才"的前敌指挥官高见暴跳如雷，发誓非要把狼牙山荡平不可。

不久，日寇的报复"大扫荡"又开始了。

紧急转移

1941年9月23日拂晓，日本侵略军华北方面军乙兵团，由定兴、方顺桥附近分三路纵队向西挺进，对易县北娄山附近的晋察冀第一军分区司令员杨成武指挥的部队开始了大规模围攻。

日寇大军驻扎在狼牙山脚下，四处搜寻八路军急于作战，犹如一条饿急的狼。寻八路未果，便向狼牙山打炮，还动用飞机对狼牙山轮番轰炸，以造声势。

1941 年 9 月 24 日清晨，3500 多名日伪军在日本侵略军指挥官高见的率领下，分成九路，在飞机、大炮的掩护下，张牙舞爪地向北娄山西部的狼牙山扑去。日寇扬言："这次扫荡，要石头过刀，草木过火，狼牙山也要晃三晃。"气焰十分嚣张。随着高见作战的还有汉奸赵玉昆率领的伪军警卫团和特务队，这个民族败类就像一只摇尾乞怜的狗跟着高见，一路上回答高见的询问，恨不得把自己知道的所有情况都告诉主子，以显示对大日本皇军的忠心。平时赵玉昆不敢单独行动，他知道八路军的厉害，更知道除奸队多次想除掉他，所以一遇到八路军的部队就吓得屁滚尿流，抱头鼠窜，此时却耀武扬威地向狼牙山包围。

提起赵玉昆，晋察冀边区的军民没有不知道的，他是个彻头彻尾的"铁杆儿汉奸"，但在"汉奸"的前面还应加上一个"叛徒"，因此，他的罪恶头衔以及罪恶之名都是"双料"的。

这个赵玉昆祖辈都是易县人，原本也是老实巴交的农民。到了他的爷爷这辈却意外发了一笔小财，积攒了一些田产、家业，到了他父亲和他却不务正业，染上了吃喝嫖赌的习气，本来不多的钱财，被他父子二人挥霍个精光。赵玉昆从小便养成了好逸恶劳、狡猾奸诈的品行，渐渐走上了"黑道儿"。他谙熟于三教九流行当，结交了一批地痞流氓，惯于偷鸡摸狗、欺诈绑票的勾当，后来他干脆投靠了土匪。

这家伙人高马大，一身的肥肉，做事阴险，心狠手辣，且枪法又准，深得匪首赏识。不料，赵玉昆在一次抢劫中失手，被国民党警方投进了易县大牢。在狱中他又与同牢犯人结为盟兄弟，密谋策划，时时想逃出牢笼。不久日寇进攻易县，派飞机狂轰滥炸，国民党易县所有官员和狱警自顾逃亡。赵玉昆乘机带领犯人砸开监狱牢门逃出。

赵玉昆纠集了一伙人，趁着兵荒马乱便招兵买马，拉起了队伍，挑起了“华北民众救国军”的大旗。

国难当头，易县许多民众正自发地准备起事，抗击日寇，保家卫国。听说赵玉昆拉队伍，就稀里糊涂地参加了赵玉昆的“华北民众救国军”。后来，赵玉昆又将“华北救国军”改成了“抗日救国第十路军”。他的队伍里“黑脸儿”的“红脸儿”的都有，三教九流，鱼龙混杂。有真心抗日的热血男儿，有纨绔子弟、地痞流氓，也有一些爱国的旧军人、青年学生等。

1939 年春，为了团结和改造地方游杂武装，共同抗日，晋察冀第一军分区司令员杨成武发出了将“十路军”编入一分区建制的通令。赵玉昆虽然不情愿，却也无可奈何。“十路军”所属 12 个团计 5000 余人顺利地合编为三个团，统归一分区指挥。

但是，赵玉昆始终匪性不改，把“十路军”看作是自己的“资本”，对共产党八路军的政策和指示阳奉阴违。他身担八路军支队司令的职务，却仍不改恶习，喝酒、打牌、抽大烟、养小老婆，样样都干。更有甚者，频频违犯八路军纪律，横行乡里，鱼肉百姓，引起了极大的民愤。一分区给与了赵玉昆严厉的批评和处分，努力教育和挽救。赵玉昆不但不改过自新，反而对共产党十分记恨。后来，终于被日本特务所收买，叛变投敌，出卖了灵魂。日寇遂委任他做了“易县警备团长兼特务部长”，成为一名死心塌地的铁杆汉奸。

赵玉昆的叛变，给八路军和区县党政组织带来了很大的危害，他十分了解根据地部队和党组织的情况，日寇便带着这条“狗”到处搜捕我党组织和抗日军民，一时期，根据地遭受了巨大的损失。

赵玉昆极力讨好日寇，出着花样儿做坏事。经常带着汉奸队化装侦察，欺骗百姓，杀害我党政干部和根据地群众。由于赵玉昆的叛变，我根据地几个县的县委、区政府遭到袭击破坏，中共定兴县县委书记被活埋，许多领导同志遇害牺牲。我八路军和游击队多次行动欲除掉这个民族败类，而赵玉昆却十分狡猾，靠着日寇主子的庇护，一次一次都被他逃脱。

对狼牙山根据地的“扫荡”，赵玉昆更是充当了日寇的鹰犬。他仗着鬼子的势力，率领着警备团特务队，横冲直闯，到处杀人放火，制造惨案，无恶不作。然而，这条日寇的走狗最终没有逃脱他灭亡的下场。日本鬼子投降后，赵玉昆摇身一变又投入到国民党的怀抱，继续与人民为敌。北平解放后，赵玉昆惶惶不可终日，为了保住性命，他烫毁了面部，以为脸变了形便可逃脱法网。然而，人民战争这张网是疏而不漏的，正当他庆幸自己成为一条漏网之“鱼”时，却被他原来的一名卫士认了出来。公安机关将他抓获押回易县，交给人民公审枪决。

此时赵玉昆正毕恭毕敬地向高见指挥官献计说：

“共产党八路军的……就像兔子——跑得快，对付他们要行动的迅速，慢了他们就会……趁机溜掉；再者要抓住他们的首脑机关和主力，只要把八路军的主力部队消灭了，民兵、游击队的就会……一打就散。”

高见听了，连声称赞：“你的很好！大大的好！”遂命令赵玉昆赶快去搜集八路军的消息：

“消灭了八路，大大的有赏！”

赵玉昆“啪”一个敬礼：“是！”……

此时狼牙山上除了邱蔚率领的一团外，还有易县、定兴、徐水、满城四个县的游击队和党政机关人员以及狼牙山周围村庄的群众两万多人。日军的行动很快，前有轻骑队，后有汽车，下午一点多钟就占领了狼牙山东部所有的村庄，重新调配了兵力，准备向狼牙山发起进攻。

形势十分严峻，如何组织和掩护这么多的人突出重围，安全转移，团长邱蔚通过“飞线”电话向杨成武司令员告急。

邱蔚将情况报告给杨成武司令员后，杨成武立即命令邱蔚：

“抓紧时间摸清敌人的兵力部署情况，掩护机关和群众做好隐蔽。”

邱蔚团长指挥部队、机关及当地群众从盘陀路向田岗、牛岗、松岗一带安全转移，命令七连断后，时刻注意敌人动向。

一分区司令部驻扎在水泉山南面的张家庄。杨成武司令员和司令部其他同志正在研究作战方案，他感到事态的严重，过去日寇仇视、惧怕狼牙山，对进剿狼牙山力不从心，从未进行过大规模的扫荡。这次日寇纠集 7 万余众，看来要对我狼牙山决心报复。杨成武说：

“从多方面报来的情况分析、判断，25 日敌人对狼牙山将发动更为猛烈的进攻，我军一团不能在狼牙山上与数倍于我的日军决战，必须从狼牙山突围，最主要的任务是掩护地方党政机关和群众安全转移。”

杨成武司令员制定了作战方案，决定采取“围魏救赵”的战术，以“调动”敌人，转移群众。命令狼牙山西南的三团和二十团从正面佯攻管头、松山、甘河一带日军，促使日军从狼牙山东北方向调兵增援，一团乘机掩护被围的游击队员与群众从狼牙山东北方向突围。

为了减少损失，有效牵动日军，杨成武司令员调来了几门缴获日军的山炮向敌人阵地轰击，以造成强大的攻势。

下午三点，在狼牙山西南的岭西，上、下隘刹，东、西武家庄子一带的三团、二十团按照部署在南边开始佯攻，东北的敌军果然中计调兵南下，企图对我军实行“合围”。于是狼牙山东北角的碾子台、沙岭子一线空出了很大的缺口。一团和地、县区游击队抓紧时机，掩护机关和群众向东北突围。

邱蔚团长紧急召开了营、连长碰头会，简单布置了任务：一、部队大部分散组织、掩护群众安全转移，然后撤离；二、留下一小部阻击、调动敌人，掩护主力部队撤离。阻击任务就交给二营七连，然后由二营营长向七连连长刘福山作具体安排。

散会后，邱蔚又叫住了刘福山：“福山，留下你们七连牵制迷惑敌人，掩护党政机关人员和群众迅速转移，这可是一次硬任务啊！关系重大，能不能完成？”

刘福山说：“团长，我们七连哪次任务没完成得漂亮?!”

“这次可不比往常！想想看还有什么困难?”

“请团长放心，七连没有一个脓包!”

邱蔚拍了刘福山一下：“好！就看你们的了。”

1939 年 9 月 24 日，两万余名区县机关人员和群众扶老携幼正在向预定方向转移。

七连六班战士护卫着突围的群众，马宝玉和战士们一边维持秩序一边给大家鼓劲儿：

“大家不要惊慌，快跟上队伍，有我们，不用怕!”

“乡亲们，不要难过，等打退了鬼子，我们就去接你们回来!”

…………

这时连长刘福山大声喊道：

“七连紧急集合!”

马宝玉和六班战士快速跑向集合地点。

“同志们!”刘福山用严肃的目光扫了扫全连战士：“团首长把掩护部队转移的任务交给了我们七连，任务十分艰巨，这是对我们的考验和重托。我们要用生命来保证，一定完成这次掩护任务。”

战士们齐声回答：“坚决完成任务!”

狼牙山根据地建立以来，一团七连一直没有离开过北岳和狼牙山地区，在团、营首长的指挥下，与日本侵略者进行了殊死的搏斗，一次次反“扫荡”，破“清剿”，粉碎“铁壁合围”，大小战斗参加了上百次，血与火的洗礼，把七连磨炼成一支能征善战的钢铁连队。连长刘福山、指导员蔡展鹏都是二十多岁的年轻人，身经百战，在全团是数得着的、敢打硬仗的连队指挥员。

他二人已感到肩头的责任异常沉重，他们面对的是数百倍于自己的又武装到了牙齿的日本鬼子，而他们掩护的是区县党政机关人员和手无寸铁的二万余百姓。多沉重的担子啊！刘福山不由地重重出了一口气。

他俩儿反复研究了阻击方案，决定从狼牙山脚下起，组成三道阻击防线，确保在乡亲们未完全转移前不让日寇进山。

英勇狙击

七连以班为战斗小组，分散隐蔽于有利地形，注视着山下敌人的动向。六班隐蔽在一片凸起的山石后面，前面正对着上山的山口，不时注视着敌人，不时望望转移的群众。远处的村庄到处是狼烟滚滚，有的房屋上还蹿着火苗；近处，转移逃难的老百姓牵着牛驴，挑着担子，背着干粮，妇女们抱着孩子，搀着老人，一拐一颠地向前行进，老人实在走不动了，战士们便背上老人走，有一个患重病的老人怕连累大家，一头撞死在大石头上，哭声、叫声像一把把刀子剜着战士们的心。

悲惨的情景使六班战士心情很沉重，战士胡德林嘴里不住地骂着：

“小日本，龟孙子，看一会儿老子怎么收拾你！”

副班长葛振林把手中枪擦得“哧哧”响，说：“叫鬼子有来无回！”

由于日寇连续进行了一个多月的“扫荡”，七连一直战斗减员，全连只剩下了不足百人。但七连的士气没有减，斗志依然旺盛。团营领导相信七连的实力，一定能够拖住敌人，争取时间，完成掩护群众安全突围的任务。

黄昏时分，我西南面担任佯攻的三团和二十团，完成预定任务后，迅速撤出战斗，消失于茫茫大山之中。日寇调兵遣将，实施“合围”战术，不料却扑了个空，连一个八路军也未“合围”到。日军指挥官高见知道又上了八路军的当，气得暴跳如雷，立即撤回原地，命令后续部队一刻不停地向狼牙山发起进攻。必须在天黑之前把狼牙山荡平。

日军指挥官高见用望远镜搜索我军目标，然后命令炮兵向山脚下开火，一百多发炮弹倾泻在我军阵地上，把山坡炸成一片焦土。鬼子炮火停了，七连迅速进入山下阵地，隐蔽在被日军炸毁的掩体内，迎击进山的敌人。

日寇以一个大队的兵力向狼牙山进攻，见山下没有动静，便大着胆子冲过来，山坡上下黑压压的一大片，子弹飞蝗一般飞过头顶。刘福山久经战阵，不慌不忙地问大家：

“都准备好了没有？”

“准备好了，连长！下命令吧！”

“开火——狠狠打！”刘福山命令道。

“哒哒哒哒……”“噼，啪！”机枪、步枪同时叫了起来。

一排子弹打出去，冲在最前头的鬼子应声倒下，后面的敌人急忙退了下去。高见大佐知道遇上了强敌，七连战士个个能打硬仗，枪法又准，基本上是弹无虚发，一个回合日军就倒下了100多人，又惊又怒的高见重新部署兵力，由机枪和山炮作掩护，再次发起攻击。

鬼子的炮火猛烈，七连伤亡在增加。刘福山镇静地指挥大家："等鬼子靠近了再打！"敌人越来越近了。

"打！——"手榴弹、机枪排枪子弹一起砸向敌人，我军居高临下，占地利优势，鬼子无法攻破防线。不到20分钟，日军的进攻再次被瓦解。天渐渐黑下来，敌人只好垂头丧气地退了回去……

夜幕笼罩着狼牙山，今天是阴历八月初四的夜晚，细细的月牙早已坠落西山，满天的星星像被燎烟熏红的眼睛，撒下淡淡微弱而凄苦的光点。经过一天的紧张战斗，狼牙山得到了片刻的安宁。但似乎这山一刻也没有安宁下来，山谷里仿佛还回荡着鬼子飞机的轰炸声和山炮的轰击声。日寇现代化的武器所发出的威力将美丽的狼牙山屠戮得伤痕累累，疮痍满目，到处是一片凄凉悲惨的景象。

七连抓紧时间进行了简短的修整，连长刘福山和指导员蔡展鹏顾不得休息一会儿，忙着清点各排的兵力和武器弹药，为伤员包扎伤口。二排六班在班长马宝玉率领下踏着露水，把地雷埋在上山的宽道上，并用树叶伪装好；又把手榴弹一束一束埋入半山腰的草棵中。胡德林说：

"这是我们给小鬼子预备的早饭，按理说鬼子还得谢谢我们哩！"

"说得对，这根本不够鬼子吃的。"安放好手榴弹，马宝玉说："赶快睡会儿吧，天明还要战斗。"

葛振林觉得饿了，饥肠辘辘，一摸干粮袋，早空了。宋学义走过来拿着几个萝卜分给大家，说："这是乡亲们在山上种的，我们先充充饥，等明天再向乡亲们道歉。"

胡福才接过萝卜，咔嚓一口，嘟哝着说："山下地里有乡亲们种的玉米棒子，我去掰几个来吃。他们都转移走了，咱们不吃，也会让鬼子糟蹋掉。"

马宝玉说："行，等战争结束了，我们再加倍给老乡们补偿吧！"

狼牙山的夜是美丽的，淡弱的星空下，那耸立的背影透发着无限的威严与神秘，却也从骨子里透出雄浑、凛然不可侵犯的气势。而今夜它却有点儿森冷与浑浊，大山里一股股烟气弥漫，散发着浓重强烈的味道，呛得人喉咙发痒发疼。山脚下和山口间，一片片树木、草丛还冒着白烟，一缕缕飘上天空。山下偶尔传来一两声尖利的鸣叫，给这沉重的夜增添了一丝丝恐怖。

胡德林不由得打了一个激灵，他感觉有点儿冷。战士们看看天，似乎快要亮了。

疲惫加上困乏袭来，六班战士抱着枪相拥一起睡着了。他们好像都做了个好梦，但又似梦似醒：他们看到了战争的胜利，小日本投降了，膏药旗踩在脚下，鬼子跪了一大片，可怜巴巴地向他们求饶；他们看到了乡亲们敲锣打鼓，欢庆胜利的热烈场面，七连将士个个披彩带花参加在腰鼓队里，威风凛凛；他们还看见了家里分了新房子，还有牛、驴，牛瞅着他们"哞——"，父母亲站在一旁，脸上溢着喜气，他们都幸福地笑了……

突然，一声枪响划破了夜空，葛振林和马宝玉都醒了，见天色已经微明，山下隐约听见了嘈杂声，那是敌人的骚乱。鬼子作战一般不敢在夜里进攻，鬼子害怕黑夜，更怕八路军的夜袭。山脚下到处是鬼子伪军的营地，营地旁燃起了一堆堆篝火，鬼子的岗哨幽灵般在火堆旁晃动着，巡逻队不停地走来走去，高见和水上源藏也做着"美梦"：他们包围了八路军，等待天明，八路军的就会通通地消灭掉。

这个不眠之夜是一个特殊的日子，也是一个难忘的日子。这个黎明没有公鸡报晓，也没有了山鸟的啼鸣，而是由枪声和炮声撕开浓重的夜幕。

八路军晋察冀第一军分区一团七连的战士静静地守卫在狼牙山上，他们在捍卫着英雄的狼牙山，捍卫着这片神圣的土地。

从1941年9月25日起，狼牙山下乃至整个晋察冀边区，每个人都在仰望关注着傲然屹立的棋盘陀，不管他是抗日的人们抑或是敌人。

1941年9月25日晨四点钟，狼牙山内、外线两面的敌人同时向我狼牙山腹地"搜剿"：内线之敌约2000余人，从三道河、龙王庙、东水、西水、石家疃、菜园、杨树林七路进击；外线之敌一路一百余人，由管头、北沟、乌马骡，一路三百余人由沙岭搜索前进。这样，整个狼牙山每条山沟里都布满了敌人。日寇张开的是一张密密的"大网"，敌人下了最大的决心来捕捉这网里的"鳄鱼"。

日寇一个多月来的"扫荡"总体上是失败的，失败的经验，使敌人感觉到，假如这条守在狼牙山棋盘陀上的"鳄鱼"还继续存在的话，日军在保定、定兴、徐水、易县、满城的"动作"，将受到极大威胁，杨成武及其主力部队更加不好对付。那么，一切仍像以前一样，日军在我游击作战的打击之下，将仍然逃脱不掉节节失利的下场。他们侦查到，邱蔚的部队现在正"逍遥"在狼牙山棋盘陀下，架设电台，修筑工事。组织区县机关干部和老百姓转移。所以，日寇经过几天的武装侦察和周密部署，调动了数千人的兵力以及重武器，企图给狼牙山里的这条"大鳄鱼"以最后的歼灭。

1941年9月25日拂晓前，转移队伍跳出了狼牙山，转移到碾子台、莲花山以北地区。日军仍以为我一团主力部队还在狼牙山里，被他们团团围住，插翅难飞。

拂晓，五百多名日伪军在飞机、大炮的掩护下，凶猛地向狼牙山扑来。

现在七连和六班战士所处的位置正是进山口上边的第二道防线，从这里到山顶还有一段很长的路。原来山上根本没有路，经过一团的战士们巧妙设计，才开辟出来几条隐蔽的小道。这些小路有明的，有暗的，哪条小路通山顶，哪条小路连着其他山头，只有他们最熟悉。

从山上边扯下来一条电话线，这就是战士们架设的“飞线”，山顶上还影影绰绰看到竖起的电线杆子，还有几间石砌的小屋，那里就是团机关住过的地方。团营领导经常在小屋里召开会议，研究部署反“扫荡”和打鬼子、除汉奸的战斗方案。屋前有一片开阔地，战士们经常集合在那里学《论持久战》，听首长讲毛主席的军事思想和战略战术，他们就是在这里学会了《游击队之歌》、《大刀进行曲》、《八路军军歌》、《在太行山上》等抗战歌曲的，他们仿佛听见那嘹亮的歌声在狼牙山上空回荡——

红日照遍了东方，
自由之神在纵情歌唱。
看吧！千山万壑，铜壁铁墙，
抗日的烽火，燃烧在太行山上，
气焰千万丈。
听吧！母亲教儿打东洋，妻子送郎上战场。
我们在太行山上，我们在太行山上。
山高林又密，兵强马又壮——
敌人从哪里进攻，我们就叫他在哪里灭亡

……

雄壮的旋律令他们激情满怀，斗志旺盛，他们就是唱着这些战歌奔向杀敌的战场，一次又一次粉碎日寇的“清剿”、“扫荡”，取得了节节胜利。

此时，我转移的党政机关人员和群众还有一部分尚未出去，七连战士正枕戈待旦，等着鬼子的到来。“轰！轰……”山下的地雷炸响了……

日寇还未进入我军阵地，就被预先埋下的地雷、炸弹所阻击，被炸死炸伤了40余人。高见大为恼火，亲自到前沿来督战。进攻前，调动了飞机向我前沿阵地轰炸，敌机像一只巨型的大鸟，贴着山尖飞过去又折回来，丢下的数十枚炸弹将狼牙山炸的铁石横飞，荒草、树木也一片片被烧着了，腾起浓浓的烟雾。

七连战士灵巧地跳、挪、腾、闪，借着狼牙山有利的地形与敌机周旋。飞起的石片、树枝把战士的胳膊和腿部划出了条条血口子。胡德林愤怒地叫骂：

“日本鬼子，有种你就轰吧，八路军爷爷是炸不死的！”

敌人的进攻开始了，战士们抖掉身上的土，包扎好伤口，迅速进入阵地。连长和指导员将各班战士与民兵分配成十几个战斗小组，把守在各个路口，灵活地狙击敌人；在敌人必经的路段埋下地雷；每一小组战士都分散开来，从各个不同的位置向敌人射击，造成漫山遍野都是八路军、游击队的假象。

鬼子凭借大炮和机枪的掩护，渐渐向七连阵地接近。连长带着二班和机枪班在敌人进攻的正面险要位置，命令道：“先别慌打，等鬼子靠近了用手榴弹消灭他们。”

敌人越来越近，50米、40米、30米……

“打——”刘福山一声令下，手榴弹从不同方向掷进敌群，“轰”，“轰”——随着一片鬼哭狼嚎，敌人败下阵去。

时间很短，鬼子一下被打蒙了，不知道八路有多少兵力、火力，他们已没有了先前的骄横，在机枪的掩护下，再次组织冲锋。鬼子变换了方法，采取分散进击战术，拉长了战线，齐头并进。山坡下到处是鬼子，黑压压的一片，“嗷嗷”叫着往上冲。

七连毫无惧色，沉着应战。敌人进入了火力圈，“打！给我狠狠地打——”刘福山一枪撂倒一个鬼子。刹那间，一阵排枪子弹像冰雹一样砸向敌人。

六班阵地人员较少，敌人却很密集，不一会儿便冲上来了，马宝玉猛叫一声：“扔手榴弹——”霎时，五六颗手榴弹一起在敌群中开了花，鬼子丢下了一大片尸体，又败了下去。

日寇看到我军的火力这样猛烈，听到了机枪的声音，似乎还有迫击炮的声音，阵地的战线很长，认为他们包围的是八路军的主力部队。指挥官高见异常兴奋：这下可网住了“大鱼”。遂挥舞着指挥刀，哇哇叫着，指挥鬼子、伪军向七连阵地再次猛攻。

七连全体官兵进行了英勇顽强的阻击，阵地外倒下了鬼子伪军的200多具尸体。敌人已经发起了五次冲锋，却没有越过七连阵地一步。

日军指挥官高见是个急性子，又擅长山地作战，历次战斗都是速战速决。这次对阵七连，久攻不下，使他大为恼火，他对部下说：“入中国以来，还从未遇到过这样的对手。”

高见从望远镜里看见了连长刘福山指挥的位置，便命令：用山炮向正面高地猛烈轰击。高见几乎把所有的炮弹都倾泻在七连阵地上，山口下一片火海，烟浪翻滚，土石迸飞。突然，一发炮弹在刘福山身边爆炸，连长被弹片击中，头部和胸部受伤，鲜血从头顶流下来，染红了衣领。

蔡展鹏飞奔过来，携起连长大声喊：“连长！连长——！”

刘福山苏醒过来，吃力地说：“……我没事儿……指导员，战士们伤亡怎么样？”

蔡展鹏说：“已牺牲了不少战士。但敌人又被我们击溃了！”

听到指导员的叫声，马宝玉从左侧阵地迅速跑过来，一看连长浑身是血，抱着连长就哭：“连长！你怎么了？”刘福山睁开眼，安慰马宝玉：“没事的，只是崩破点儿皮，宝玉……一定要坚持到底！”

连长刘福山受了重伤，二班和机枪班的战士们也大都牺牲了。七连的战士都哭了……

指导员把刘福山抱到一片草丛里歇息，让卫生员守卫着，与马宝玉回到阵地上，向敌人营地望去，说：“鬼子又要进攻了。”……

英雄当关

危急关头

指导员蔡展鹏站在一块石头上，目光炯炯，慷慨激昂地说："同志们！我们七连是钢铁连、硬骨头连！从没有打过败仗，今天，绝不能叫鬼子前进半步，要为全连争光，为连长报仇雪恨！"

这时，六班班长马宝玉对指导员说："指导员，你带着连长和同志们赶快撤吧，我们六班作掩护！"随后转向六班战士：

"同志们！有没有信心完成任务？"六班战士坚定地回答：

"有！"

蔡展鹏沉思了片刻，按照军区领导的指示，完成掩护任务后马上撤退，但鬼子咬得很紧，全连伤亡很重，行动迟缓，只有由一小部作掩护，才可摆脱敌人。他抬头向部队转移的方向望去，想看看那边的情形，机关和群众是否已突围了出去。但天色蒙蒙，根本望不到部队的踪影；他侧耳悉听，先前那些嘈杂的声音也听不很清楚了，隐约还能听见牲畜的响声和孩子的啼哭声。

蔡展鹏轻声说："转移的队伍已走远了，可能还没有完全出去。不知团长他们现在在哪？我们要等团长的命令。"

马宝玉说："可连长的伤势不能等啊！指导员你们先走吧。"

蔡展鹏迟疑了一会儿，向马宝玉说：

"宝玉，只能这样啦，你们一定要坚持到明天中午，争取让地方干部、群众走得更远一些，让连队主力安全突出去。然后看情况，能往哪儿撤就往哪儿撤，明天到规定地点集合。"

马宝玉坚定地回答："请指导员放心，我们坚决完成任务！"

指导员被深深感动了，多好的战友和同志啊！为了大局，宁愿把生的希望留给别人，把死的可能留给自己。六班个个都是好样的！他在心里说：等反"扫荡"胜利了，一定为六班请功。

黎明时分，邱蔚团长接到杨成武司令员的命令："抓紧时间指挥部队主力和地方干部群众转移，带不动带不走的东西要坚决丢掉！"然后询问了部队转移的情况。邱蔚报告说："首长放心，群众现正井然有序地顺着改造过的盘陀路，神不知鬼不觉地向碾子台方向转移，天亮前保证转移出去，团主力随后撤！"

邱蔚放下电话即叫报话员给七连联系，可是报话员连续呼叫了十几次也没有接通。

邱蔚接过话筒大声呼叫："七连！七连！……"

没有回音。

"快！去七连阵地！"邱蔚扔下话筒叫了几个人匆匆朝七连阵地奔来。

在山脚下的一块空地上，七连的战士围在团长身边，大家心情很激动，又很振奋。团长说：

"同志们辛苦了！这次反'扫荡'是艰苦而残酷的，我们打退了敌人多次进攻，已经拖住了敌人，你们功不可没。事实证明，七连是打不垮的，我们有人民群众这个坚强的后盾，因此，我们又是不可战胜的。”团长扶着一个战士的肩膀继续说：

“乡亲们已经安全跳出了鬼子的第一道封锁线，杨成武司令员正指挥主力部队在日寇外围和平汉铁路两侧向敌人发起进攻，不日即可打垮日寇的合围扫荡，我们一定要把这股日军拖住，牢牢地把他们‘粘’在狼牙山上，争取大胜利的到来。”

临走时，邱团长特地看望了六班的全体同志，和他们一一握手，严肃而又关切地说：“突围的队伍和你们连的主力能不能安全地跳出敌人的包围圈，全看你们的了。从现在起，你们一个人就要对付十个或几十个敌人了。如果你们能充分利用狼牙山的天险和改造过的地形，灵活机动地打击敌人，我相信你们一定会圆满地完成任务的。”

“请团首长放心！”六班的同志异口同声地回答。战士们的声音在狼牙山上久久回荡……

蔡展鹏给六班补充了一些弹药，并留下了所有的地雷，然后抬起连长和重伤员带着连队战士向老君堂、龙王庙子方向突围。

一场严峻的战斗在考验着六班战士。

此刻，六班只剩下了六班班长、共产党员 21 岁的马宝玉，副班长共产党员 24 岁的葛振林，战士 28 岁的胡福才、24 岁的胡德林和 23 岁的宋学义五位同志。

六班原来共九名战士，打管头村一仗时负伤了两名，这次阻击战又有两名负了重伤，已随部队转移。现在他们五个人的肩上要扛起千万斤重的担子，扛着团、营、连领导和两万余乡亲的重托，他们感到无上的光荣，但也感到异常沉重。

五个人将指导员留下的手榴弹摆放在不同的位置上，静心等待着鬼子的进攻。马宝玉说：“估计这会儿小鬼子是不会来攻的，坐下来歇会儿吧。”他们经过了一天一夜的战斗，又饥又渴，人困马乏，还没坐下，胡德林和宋学义就呼呼睡着了，马宝玉三人也打起了盹……

忽然，鬼子开始打炮了，六班战士迅速地隐蔽在石头堆砌的掩体里，不理小鬼子。五分钟后炮停止了轰击，二百余名日伪军开始往山上冲。此刻，五位勇士毫无惧色，沉着应敌，马宝玉安排战士们：“变换着位置向敌人射击，叫鬼子摸不着虚实。”

鬼子越来越近了，弓着腰，小心翼翼地向前迈着步子。马宝玉说：“不要着急，要节省弹药，拖住敌人就是胜利。”然后又吩咐大家：“边打边向东山口撤，把鬼子引向东山口！”

东山口两面是山，崖高壁陡。山口内有一条小横岭。进东山口翻过小横岭，沿着一条曲折的小道便能登上棋盘陀。他们由小横岭往南向棋盘陀上撤，这样就能转到日寇和主力部队的侧面，可以更有效地狙击敌人，掩护主力从容地转移。

小横岭不险也不陡，山势平缓，岭上岭下长满了荆棘和树木。他们五个人沿着自己开辟的小径攀上了小横岭，把地雷顺手埋在了路口。

马宝玉他们站在小横岭上向日军射击。日军上钩，遂扑向东山口。“轰轰——”先头部队踩响了地雷，炸死、炸伤十余人。后面上来的敌人继续向东山口猛扑。

“哒哒……哒哒哒……”鬼子的机枪在山下疯狂地叫着。

“打！——”马宝玉一声令下，五支枪口向鬼子一齐喷射出仇恨的火舌，前面的鬼子倒下了，后面的又涌上来。

“手榴弹！——”随着葛振林一声大喊，一颗颗手榴弹甩向了敌群，鬼子死伤一片，抵挡不住，溃退下去。

太阳升起老高了，马宝玉一边指挥，一边不时回头看看山上转移的部队，对葛振林说：

“老葛，你说这会儿连长指导员他们已经转移了吧?”葛振林说：“差不多了，不行再等会儿?”

战士们昨天奔跑了一天，又经过了激烈的战斗，浑身感到困乏，宋学义拿起水壶想喝点儿水，一看水壶被穿了个洞，其他三个水壶也被打烂了，只有马宝玉的水壶里还有一点儿水。大家你看看我，我看看你，谁都舍不得喝，马宝玉不得不带个头，先喝了一小口，最后每人都喝了一口。

他们又一次把上来的敌人打下去，一直等到山上没有了动静，部队和群众已全部转移，马宝玉才下令：“撤”！

智牵敌寇

马宝玉率领战士撤到了南石门，从南石门到“小鬼儿脸”只有一条又窄又陡的小路，下边是悬崖峭壁，上山时一不小心就会摔下万丈深渊。

敌人看看小横岭上没有动静，大胆地往上冲，战士们像在给敌人玩捉迷藏的游戏，一会儿出现，一会儿又无踪影，打得敌人晕头转向。

鬼子沿战士们蹚出的小路往上爬，马宝玉沉着地对葛振林说：

“你和胡德林在左边，宋学义和胡福才在右边，咱们拉开阵线，打它个全面开花，既拖住敌人，又要迷惑敌人。”

话还没说完，南天门下传来了一声巨响，鬼子又踏响了隐蔽的炸弹，硝烟过后，鬼子开始一个个撅着屁股如蜗牛一样往上爬，爬一会儿又停下来，“叽里呱啦”在说着什么。

马宝玉叫胡德林在正面的一个大石缝里放哨，监视着鬼子的动静，便和副班长葛振林到山上察看地形，制定战斗方案。这里离主峰棋盘陀不远，是三个相连的小山包，最下边的是小横岭。上山的小路弯弯曲曲，荆棘丛生，小路的两侧皆是陡坡。山上地形更为复杂，石头突兀林立，一层层上去有如迷宫，在这里隐蔽可是最佳的位置了。

再往上就是“通天凳”、“神仙桥”、“阎王鼻子”、“小鬼儿脸”等险要处。看了地形，二人踌躇满志。葛振林对马宝玉说：“狼牙山方圆几十里，我们在这里翻山越岭，战斗了好几年，整座狼牙山就像咱们的家，每一块石头，每一棵树，每一条小路都了如指掌。连过山羊也难上去的‘天梯’，很少有人攀登的‘神仙桥’我们也如走平地一般，这些‘机关’、‘险要’犹如‘天兵天将’，咱们就利用这些有利条件，好好地教训鬼子一顿。”

马宝玉欣喜地说：“好！老葛，就让小鬼子尝尝我们‘神兵天降’的厉害。”二人想到了一块儿，情不自禁地把手握在了一起。

二人已拿定主意，决定把阻击阵地放在“阎王鼻子”、“小鬼儿脸”的险要地段上。

“阎王鼻子”是通向主峰棋盘陀险路上的一块突出的石崖，三面是深渊，一面有条陡峭的小路。葛振林说：“此处非常‘险’，只能容一人侧身而过，可以说是‘一人当关，万夫莫开’。”

马宝玉笑着回答：“那我们今天是五人当关，就可敌他们五万人马了！”二人不禁“哈哈”大笑起来。

他们设计好了牵制敌寇的战斗方案，在哪儿隐蔽，在哪儿埋伏，在哪个部位射击，都合计的滴水不漏。商量完二人胸有成竹、志在必得地向山下走去。

马宝玉五人正在“阎王鼻子”下面的一处凹地里布置着阻击方案，这时，天空传来了飞机的声音，愈来愈近。

“鬼子的飞机来了！”胡德林喊了一声。

马宝玉吩咐大家：“快——分散隐蔽！”

敌机在四五处险要地段分别丢了一束炸弹，然后又嗡嗡飞走了。“阎王鼻子”上重重地挨了一颗，霎时响声震天，乱石飞迸，犹如天崩地裂的一般。

葛振林从土里钻出来，抖掉身上的树叶和土块，四下搜寻，急切地喊：“班长——班长——”一会儿四人都从土里钻出来，都奇迹般地没受伤。

马宝玉笑着骂道：“狗日的飞机真厉害，要是再多丢一颗，我们就保不准去见马克思了。”

胡德林看到副班长背后冒烟，忙推了他一把：“副班长，着火了！”葛振林突然觉得背上热，才发现自己的新军装背后冒起了火苗。他迭不得解扣子，使劲一撕，脱了下来，随手扔了下去。

十分钟后，鬼子进攻了，这次有一百多个鬼子和伪军，在水上源藏大佐的驱赶下向山上爬来。水上源藏不停地叫着、骂着。

“轰——”又一颗地雷被鬼子踩响了，前面倒下了几个鬼子，后边的掉头就跑。没跑出多远，又叫水上源藏逼了回来。

鬼子被炸怕了，这次叫伪军走在前面。伪军个个胆小怕死，小心翼翼地半天迈一步，一步迈不了四指。汉奸赵玉昆在后边大骂：“都走快点儿，没有地雷了，都他妈的胆小鬼！”

五名战士屏住呼吸，等待着敌人一步步靠近，当敌人来到距“阎王鼻子”四十米处，马宝玉一声：“打——”五颗手榴弹一起扔向敌群，敌人一阵鬼哭狼嚎滚下山去。

日寇不知道山上究竟有多少八路，越是失败，鬼子越上劲，认为遇上了真正的对手。他们变换了战术，把日伪军分成一小股一小股梯队，以机枪作掩护，摇晃着信号旗上下联络，依次进攻。这样六班战士就失去了埋地雷炸弹的机会。

敌变我变，五名战士利用石头、树木作掩体，机动灵活地向敌人射击，他们像五只矫健的猴子，行动敏捷，令敌人难以捕捉。他们愈战愈勇，愈勇愈奋。马宝玉把军帽猛地一摘，掖进怀里，大声说：

“干脆豁开了打，彻底干他一家伙！同志们——狠狠打！”

六班战士犹如猛虎下山，这一场直打的惊天动地，血肉横飞，打出了八路军钢铁战士的威风，打出了中国军人的英雄气概！

当一个人无所顾忌了，便可发挥出不可思议的潜能，就会豪气干云，大刀阔斧地去干一件事；一个人将生死置之度外了，就会创造出难以想象的奇迹，完成一次惊天地泣鬼神的壮举。

敌人一连进攻了几次，都被六班打的顾头不顾尾，山道上横七竖八摆满了敌人的尸体。水上源藏气得“哇哇”直叫，他不知道八路军山上到底有多少兵力，用的什么战术，他们被卡在“阎王鼻子”底下的山道上，进也不是，退也不是。这时狡猾的赵玉昆向水上源藏献计：

“太君，对付山上的八路光靠人力的不行，要用山炮的消灭他们，多多的调集山炮。”

水上源藏急向高见请求再调炮火支援。高见的部队在狼牙山被六班紧紧拖住，兵团长官井田美武大为不满，已几次训斥高见：“狼牙山的行动迟缓影响了全线战局，使皇军处于大大的被动！”并勒令：速速结束战斗，否则军法的从事。

高见被井田美武训的一头火，正气得在山下乱叫，见水上源藏久攻不下，大骂水上源藏是“饭桶”、“笨蛋”。但高见急于解决战斗，最后还是调来了两门山炮及掷弹筒，增拨了兵力。

太阳已高高地升上了头顶，鬼子的五次冲锋都被打退了。马宝玉擦了擦脸上的汗水，吩咐大家清点弹药，这时候才发现子弹和手榴弹已剩下不多了。

敌人调整了兵力部署，实施强攻。一边以山炮、机枪作掩护，一边叫伪军喊话：“八路军被包围啦！你们跑不了了，快攻啊，先上去的有赏……”

马宝玉瞄准喊话的伪军“去你娘的！”一枪撂倒。然后对葛振林安排道：“给同志们说，交叉火力相互掩护，边打边撤。”

“轧轧，轧轧……”敌人的机枪疯狂叫着，子弹在石壁上迸溅。

葛振林隐蔽在另一侧，每射出一颗子弹，都要大吼一声，以发泄心中满腔的烈火。

胡德林边射击边骂着：“小鬼子！有种的上来呀……”

突然，马宝玉“啊”的一声倒在了地上，一颗子弹把他的头皮划开了一道口子。胡福才跑过去把马宝玉扶起来：“班长！班长……”

马宝玉满脸是血，不在乎地说：“不要紧，没伤着要害处。”

葛振林给班长包扎好伤口，安排道：“赶快撤，我掩护！”

宋学义说：“你们走，我来掩护！”

葛振林：“少废话！快走——”说着扔出一颗手榴弹。

水上源藏大佐举起望远镜向山上观看，却看不到什么大部队，只有几个人影在晃动，他恍然大悟，原来跟他们打了半天的不是什么主力，而是一支小小的小分队。“哇哇”大叫：“山上的，不是八路的主力，是小股部队，赶快的消灭他们！”

敌人一时来了劲，“嗷嗷”叫着往上冲。

血染狼牙

走向绝顶

太阳偏西了，六班战士继续向山顶撤，没走多远，到了一个叫“铁箭岭”的地方。“铁箭岭”是距山顶较近的一处平坦的岔路口。岔路口上共有三条小路，一条通向山脚下，一条横在山腰向北延伸，直通山外展子台方向，这是乡亲们和主力部队转移的方向；再一条就是通向狼牙山峰顶棋盘陀，棋盘陀峰顶三面都是斧凿刀削般的悬崖峭壁，下面是万丈深渊。

因此，这是一条绝路。

他们向山下望去，看见鬼子正在一块凹地里集结，“膏药旗”插在地上。旁边的大石头上铺展开一块硕大的红布。胡德林很惊奇，问葛振林：“副班长，鬼子在搞啥名堂？”

“这是鬼子山地作战的信号，转给飞机报信的。”

不一会儿，果然有两架飞机飞向狼牙山上空，巨大的轰轰声震耳欲聋。大家慌忙隐蔽，可敌机盘旋了几圈后又飞走了。

“这是鬼子的侦察机，在侦查我们的情况。”葛振林说。

敌人机枪叫开了——

“空、轧轧……空空、轧轧轧……”掷弹筒和机枪全向山上伸出长长的火舌。

一队鬼子开始往上爬。

此时，六班战士面临了一个生死抉择。

撤！——往哪里撤??

为了给主力部队和乡亲们转移争取更充裕的时间，并迷惑敌人，不让日寇摸清我军和群众转移的路线，马宝玉、葛振林、胡德林、胡福才、宋学义五名同志主动放弃了退向老君堂追赶部队的计划，他们边打边退，毅然撤向三面绝壁的棋盘坨顶峰。

马宝玉十分清楚，这次日寇合围狼牙山是由铁杆汉奸赵玉昆带领的，他生在易县，长在易县，曾参加过八路军，还当过他们的领导。赵玉昆叛变投敌后，成了八路军和乡亲们的死对头，他对狼牙山的地形地物都非常熟悉，对一团的布防也非常了解，因此，他给部队的突围带来了很大的威胁。马宝玉为了安全起见，打消了计划向东北方向撤退的念头，故意将敌人引向西北。

马宝玉看见了棋盘陀下边小庙上的那根高高耸立的天线，他知道那是团长故意留下来迷惑敌人的。

每个人都明白他们的选择意味着什么，五个人交换着坚毅的目光，互相鼓励着。马宝玉神情庄严地说：“同志们！敌人的侦察机不停地侦查，鬼子又紧紧地跟着我们，我们到哪，鬼子就会跟到哪，如果向展子台撤退，就会暴露我主力部队和乡亲们转移的方向，后果将不堪设想。怎么办?”

大家异口同声地喊到：“和鬼子拼了!!”

“班长！下命令吧！”

五位勇士的手不约而同挽在了一起……

“班长，这下鬼子追不上咱们主力了吧！”胡福才抹了一把脸上的汗说。

“只要我们在这儿能把鬼子拖住，鬼子就是长了四条腿也甭想追上了。”

他们又想到了昨天的情景，一幕幕悲惨的场面在眼前晃动，这时他们的心情忽然又异常地沉重。这场战争什么时间才能结束啊！父老乡亲什么时候才能过上安稳的日子？他们想到自己的家了，想到了家中的亲人：父母、兄弟姐妹现在怎么样了，日本鬼子已占领了大半个中国，国家已无安宁之地了，到处是战场，到处是硝烟，亲人啊！你们的情形是否跟狼牙山一样？

马宝玉脱下军帽，军帽已有几处被烧烂了，拍了拍土又重新戴上，抬头看了看西边的太阳，太阳像被烟尘眯了眼，泛着黯淡混浊的光，漫不经心地向山下走着，似乎走得很慢了。他多想让太阳走快点儿啊，一下子落进西山那边去。

他想起了无数个黄昏，一到傍晚狼牙山上到处充满了歌声，歌声就是力量的源泉，就是战斗的号角。想到这儿，马宝玉突然说：

“还记得指导员教我们唱的《八路军军歌》吗？”大家说：

“记得！”

“来，让我们一起唱我们的《军歌》吧！”

他们五颗军人的心顿时激昂起来，一起唱起了《八路军军歌》：

铁流两万五千里，直向着一个坚定的方向！
苦斗十年，锻炼成一支不可战胜的力量。
一旦强虏寇边疆，慷慨悲歌奔战场。
首战平型关，威名天下扬，

首战平型关，威名天下扬。嘿！
游击战，敌后方，铲除伪政权。
游击战，敌后方，坚持反扫荡。
钢刀插在敌胸膛，钢刀插在敌胸膛。
巍峨长白山，滔滔鸭绿江。誓复失地逐强梁。

天空低垂，山谷回响，低沉雄壮的歌声在狼牙山五陀三十六峰久久荡漾……

唱完歌，五个人紧紧拥抱在一起，如同五座巍然挺立的金刚。

为了进一步迷惑敌人，马宝玉用石片在三岔路口的大石壁上划了个路标，指向山上的庙堂。

敌人气喘吁吁地爬到三岔路口，踌躇了一会儿，判断八路军的去向，一个鬼子忽然发现了石壁上的路标，喊道："八路的这边，快追！"

"慢！"大队长水上源藏看着路标沉思了片刻："八路的，狡猾狡猾了的！"冷笑一声，指挥刀向东南一挥："八路的这边的有！"

这时，五位战士一起向鬼子开了火："砰砰——""啪——"

鬼子马上卧倒，水上源藏急忙用望远镜向山顶观察，透过树木荆棘的空隙，他看见了小庙和天线竿子，一阵欣喜。他知道八路军只有团以上机关才会有发报机。他兴奋地命令：

"给我往上冲！八路的指挥所，立功大大的有……"

在棋盘坨下的牛角壶，马宝玉他们见日军被远远地甩在后边，便坐下来检查武器。宋学义筋疲力尽，又饥又渴，嗓子好像要冒烟，便一把拔掉岩缝里的青草放在嘴里咀嚼。马宝玉用破烂的衣袖擦着那杆三八大盖枪，忽然有了个想法，便和副班长葛振林商量：介绍胡德林、胡福才、宋学义三位战士入党。马宝玉见葛振林点头表示同意，便从衣兜里掏出一个小本子，放在膝盖上匆匆写了几句，然后把三位战士叫到跟前说：

“我和葛振林同志是共产党员，以前对你们帮助教育不够，没有培养你们入党，几次战斗证明，你们三个都具备了一个光荣的共产党员的条件，我和葛振林同志愿意当你们的入党介绍人。”

他把小本本合上，接下去说：“如果这次战斗中我牺牲了，以后同志们和领导能找到我的尸体，会在我的衣袋里发现我和葛振林介绍你们入党的信。现在，就让我们用实际行动，表达我们对党的无限忠诚吧！”

马宝玉说完，把小本子装进口袋。三名战士激昂地说：

“我们坚决听从党的安排！”

敌人又一次进攻开始了，数百名日伪军穷凶极恶地向牛角壶扑来。副班长葛振林问马宝玉：

“鬼子上来了，打不打？”马宝玉眼皮一眨巴，忽然站起来，坚决地说：“打！”

当时要转移还来得及，但他们为了牵制住日军，让我军主力和群众转移得更远些，毅然下定了“打”的决心。

日军进攻前，先用迫击炮轰击。炮火的硝烟未退，便在机枪的掩护下发起更嚣张的攻击。

“啪……啪啪，啪……”四支套筒和一支“三八大盖”向鬼子喷着火。

牛角壶有许多大小岩石洞，口小底大。马宝玉他们每打退敌人一次攻击，就钻进石洞，以防日军炮击。他们在牛角壶连续打退了敌人四次攻击，杀伤敌军六七十人。

山路狭窄，敌人只能一个跟着一个，成一字长蛇阵向上冲来。

五位勇士凭借着奇峰怪石和居高临下的有利地势，一起向敌人投出手榴弹，绝路上的鬼子无法躲避，被炸的血肉横飞，霎时，十几个鬼子丧了命。

战斗的空隙间，战士们检点着枪和弹药，发现子弹和手榴弹都不多了。马宝玉说："现在我们快没有子弹了，大家要少还击，节约子弹，拖延时间。

下边枪声又响了，十几个鬼子排着队冲上来，越来越近，眼看就要冲到他们的跟前，五个人突然"杀——"一起跃出石缝，与十几个鬼子展开了肉搏战。鬼子没有防备，被打个措手不及，战士们一阵猛刺，连着刺倒了四五个敌人。

鬼子稳住了神，摆出日本武士道精神的架势，和八路军决战。两个鬼子同时向葛振林刺来，葛振林后退一步拨开刺刀向鬼子就刺，一个鬼子被刺中，"哇"的一声惨叫，倒在血泊中。葛振林的刺刀还未拔出，另一个鬼子向他的腹部猛刺过来，在这千钧一发之际，宋学义一声大喊："副班长——"一个箭步，刺刀扎进了鬼子的后背。

马宝玉红了眼，越杀越勇，逼得鬼子连连后退，只有招架之功。鬼子在狭窄的山地上使不开劲，战战兢兢，处于劣势，我五位勇士占了上风。敌人已死伤大半，剩下几个逃了回去。

太阳已经下山了，天色渐渐昏暗，马宝玉对大伙儿说："我们已经暴露了目标，现在我们的任务也已完成，走！我们上山！"

鬼子被战士们的神勇震慑住了，人心惶惶，上来就是死，都畏畏缩缩，不敢前进。但敌人已是骑虎难下，水上源藏不好复命，指挥着鬼子硬着头皮往上冲。

敌人又上来了，勇士们再没有地方可退了。

马宝玉仍像往常一样稳重，沉着坚定地指挥：

"宋学义，先走——"

“不！你先走……”

“抓紧时间走！我比你撤得快！”

……

马宝玉平时话语不多，关键时候总是想着别人，别看他的年龄不大，却像老大哥一样，关心全班的每一个战士。有了困难自己先上，打起仗来第一个冲在前头，立了功得了荣誉却是大家的。他对党的忠诚和对同志们的挚爱，赢得了全班和全连战士们的信赖，他因此被大家推选为党的小组长。

“胡福才，胡德林，向上爬，从这儿上！”……

日寇在下边不停地射击。机枪、掷弹筒“空空”“轧轧”地号叫着。

马宝玉望着崖顶，提着枪缓缓地攀援着，葛振林、胡福才、胡德林、宋学义紧紧地跟在后边。没想到鬼子也爬得很快，紧追不舍。为了不让鬼子跟得太近，五人回转身向敌人射击，前面的两名鬼子被击中，滚了下去，连同后面的几名一起坠下悬崖。

勇士壮举

“哒哒……哒哒……”鬼子的机枪又叫开了。

密集的子弹从天空飞过。五个人一步步向山上撤着，步履维艰。

“同志们——”葛振林用他的曲阳土话喊到：“情况紧急，敌人跟上来了，坚决抵抗呀，完成任务！”

“坚决——完成任务——”宋学义、胡福才攥着拳头说。

他们边打边往高处撤，太阳偏西的时候，已撤到了棋盘陀顶峰的“万年灯”。而敌人攻势丝毫没有减弱，仍然一个劲儿往上冲。

“轧轧轧……”鬼子机枪喷吐着“火舌”紧跟着。

“牛角峰”是三面绝崖，当中有一截三米阔的长条凹地，只有一条路可以从西北坡的两个小山头之间过来，通向峰顶。鬼子的四架机枪在左右咆哮着，后面是掷弹筒，距离小山头较远。

凹地上长了厚厚的草，可以隐蔽，在这里阻击，敌人的机枪发挥不了效力，敌人也难以攻上来。

班长马宝玉说："同志们！"他声音很低缓，"只有拼一条路了，敌人只要上来，他来一个咱就打一个，来一对就消灭他一双。"

胡福才说："在这里反正是不会赔本的了。"

"轧轧轧轧……"敌人机枪在三面咆哮。

"瞄准，"班长命令着："打！——"一个鬼子应声滚下山去了。

指挥官挥着"膏药旗"气急败坏地吆喝着。

"呀呀……呀呀……"三十多个鬼子又冲上来了。

日军一边爬一边高声叫着："缴枪的优待……优待的优待的……"

宋学义气得脸都涨红了："去你妈的！优待你一个手榴弹！"

"轰！——轰轰轰！"大家都掷下一枚手榴弹。

鬼子号叫着翻身滚下去了。血染红了山坡……

一阵静默，硝烟在山谷中飘散……忽然又像从梦里惊醒过来似的——

"轧轧轧……空，空……轧轧空空……"机枪、掷弹筒齐鸣，山岳震动。

马宝玉举起枪，扣动扳机，枪膛是空的，子弹已不知什么时候打完了。葛振林打开枪膛看也是空的，不觉倒抽了一口冷气。子弹此时对他们来说是多么重要啊，子弹就是阵地，子弹就是生命啊！

"班长！"胡德林喊道："我的子弹也没有了。"挥着他的空弹夹子。

"我还有一排子弹，班长！"胡福才报告说。

“班长，我这还有一颗手榴弹!”宋学义把手榴弹举过头顶要扔。“慢!”马宝玉一把将手榴弹握在手中：“这颗手榴弹留着，到万不得已的时候再用。”战士们马上明白了班长的用意。

日军指挥官气喘吁吁地爬上道观，站在空无一人的小庙前，看着那根摇摇晃晃的“天线杆”，才发觉他们上了大当，气得暴跳如雷。这越发激起了水上源藏的蛮劲，倒要看看究竟这股八路军是何样的神兵勇将。

水上源藏用望远镜向山顶上搜索，他终于清清楚楚看见与他们周旋了一天的八路军总共只有五个人，他的脸在一阵阵抽搐，不由地咬牙切齿，同时又令他不可思议，“真是难以想象，难以想象!”一股怒火冲上脑门。于是下了决心，一定要抓活的回去邀功。遂强令部下猛力往上冲，不惜一切代价俘虏他们。

鬼子一队队尾随着涌上来，高喊着：

“捉活的，投降的不杀!”

“八路的投降，缴枪的不杀……”

鬼子越来越近了，眉毛鼻子看得十分清楚。葛振林不知哪儿来得劲儿，搬起一块大石头举过头顶，狠狠向鬼子砸去。马宝玉、胡福才、胡德林和宋学义也搬起石头向山下抛去，大的，小的如冰雹、如雷弹落在鬼子身上，又向山下滚去，一石击倒数人，这下可苦了鬼子，哪里能招架得住？上，上不去，下，下不来，躲，又没法躲。

战士们只管将一块块仇恨的石头掷向鬼子，

“嗷嗷……哇……嗷嗷……”

只听得日寇鬼哭狼嚎一般滚下山谷。

此时，山上的每一块石头好像都有了灵性，都变成了一名钢铁战士，怀着对日寇的刻骨仇恨。葛振林大口喘着粗气，说：“……

如果我们能活着归队，等抗日胜利了，一定要向首长建议……给狼牙山的石头记头功！”

“太好了！一定给首长们说，还要给狼牙山立个功德碑！”

山上的石头扔光了。

十分钟后，鬼子重整旗鼓又蜂拥而来，慢慢逼近。

沉默。五双眼睛在交换着目光，五颗心在跳动着一个节拍，燃烧过的枪支紧握在每个人的手里。班长手握着腰间的手榴弹，这是全班最末一颗手榴弹了，手榴弹被握得发热、烫手。

马宝玉“嗖”地从腰间抽出那颗手榴弹，拉开环，作出要扔的架势，四个人都明白，这是已到了最后的关头，一起向班长马宝玉靠拢。上来的鬼子两眼直勾勾地盯着战士们和手榴弹，吓的双腿打战，半步半步向后面退。

这时，葛振林沉着地说道：“战友们，我们是红一团的战士，要同生死，共患难！”大家异口同声地喊到：“我们同生死，共患难！”一起闭上了眼睛，等待着那个壮烈的时刻。

突然，马宝玉猛地向前冲出几步，把手榴弹投向敌群，“轰——”一声惊天动地的巨响，震撼了山谷。

马宝玉转过身吩咐大家：“快上崖！”第一个跃了上去，葛振林等四人也跟了上去。马宝玉突然抓住葛振林的胳膊激动地说：“我们牺牲了，有价值！所有的人们都会记得我们的，我们是为了打鬼子而死的！”

葛振林说：“班长！我们听你的，八路军绝不当俘虏！”

五位勇士齐声道：

“八路军绝不当俘虏！”

五位勇士艰难地向山顶攀登着，他们的衣服已破烂得不成样子，身上多处受伤，胳膊、肩头和腿皆被岩石和树枝划出了道道血口子，他们忍着疼痛，紧咬牙关，努力抓住身边的树枝和凸出的岩石，向顶峰爬去。他们心中只有一个愿望，那就是宁愿牺牲自己，也不能让鬼子发现一团的主力。

五位勇士终于来到了险峰之颠。

鬼子又向五位勇士逼近了，一个共同的声音在他们心中回响："为国捐躯！"

狼牙山的黄昏是美丽的，彩霞染红了山峦，棋盘陀顶上静悄悄的，七连六班五名战士，沉浸在对亲人的怀念中。他们深情祝福远方的亲人，祝福狼牙山的父老乡亲能够早早过上好日子，也祝愿中国受苦受难的同胞，祝愿抗战胜利，祝愿那扬眉吐气的那一天早日到来。

残酷的战斗，鬼子的轰炸，使狼牙山伤痕累累，每一座山冈，每一块岩壁，布满了枪眼、弹坑，烧焦的树木、杂草还冒着缕缕残烟，山头上、峡谷里到处弥漫着呛人的火药气息。

整整一天滴水未进的勇士，已精疲力竭，口干舌燥，嘴唇上部满了道道血口子。他们的肚子在咕咕叫唤，胡德林饿得实在不撑了，两腿一软跪在地上，葛振林和胡福才一把将他扶起，"德林，一定要坚持住，绝不能倒下！"

宋学义用刺刀掘着岩缝中的湿泥，把一块黄泥递给胡德林："把湿泥放在嘴上吸吸，一会儿就好受了。"

胡德林接过黄泥捂在嘴上，使劲地咂着、吸着，此刻，他多么渴望能吸出一点儿水来，润润冒火的嗓子。宋学义每人给了一块湿泥，大家都贪婪地吸着、咂着，每个人的脸上、嘴里都是泥。大家看着对方的大花脸，禁不住都笑了。

马宝玉静静地坐在一边，忍受着饥饿、疲劳的折磨，他想的很多很多，想着大部队和乡亲们现在到了什么地方了？想着连长的伤势怎么样了？想着指导员和同志们转移出去了吗？但他想得最多是他们眼前的处境，他用目光扫了一下疲惫不堪的战友，多好的同志啊！那么年轻，那么英俊潇洒，血气方刚，现在正是结婚、生子、过幸福日子的年龄，我们的路还很长很长。可是现在为了祖国，为了受苦受难的百姓，这一切都得抛开……

血洒狼牙峰

棋盘陀下一声枪响，打乱了马宝玉的思绪，看着敌人又上来了，决心已定，身处绝境，只有坚持，坚持！坚持到流尽最后一滴血，别无他路。

鬼子又一步步靠近了，惶恐地盯着五位勇士，顽强战斗了两天一夜的勇士，他们是什么样的人，竟有如此的神勇？

“八路的，投降吧，缴枪的不杀！”鬼子喊到：

“皇军优待优待的！”

“八路的，快投降！”

“八路的，快投降……”

马宝玉，喊了一声“撤！”扭头跑向“万年灯”。说撤不过是他涌到嘴边上的话。万年灯，三面悬崖，从前崖到后崖才五六十步，能往哪里撤？

马宝玉一步步向崖边走去，其他同志也跟了过去。

“同志们！党组织考验我们的时候到了，我们宁死也不投降！”

“宁死也不投降！……”战士们齐声说道。

时间一分一秒地走过。

鬼子一步一步在后面跟着。死亡在一步一步逼近。

马宝玉端起了那支“三八大盖儿”，用残破的衣袖擦了擦枪身，这枪不同于别的枪，是他英勇的标志，是用一支铁锹缴获过来的，是他心爱的朋友，又是他的骄傲。同志们看着班长，都不由把枪端了起来，擦着，摩挲着，百感交集，心爱的枪啊！自从我们参军以后，就于你朝夕相伴，杀鬼子，除汉奸，捍卫人民的新政权，转战晋察冀根据地，立下了赫赫战功，你就是一名钢铁战士，我们就是一杆忠诚的枪啊！今天，我们就要离别了，我们是中国军人、八路军战士，为了祖国应该献出自己的一切！

马宝玉忽然举起了手中枪，环顾一下战友们，沉痛地说："我们牺牲了，枪也不能留给敌人，现在就向它们告别吧！""呼"的一声，向一块岩石上砸去，枪断成两截，朝山谷中飞去。

葛振林也举枪砸去，却已没了力气，枪未断，拣起枪扔进了山谷。宋学义、胡福才、胡德林都把手中枪扔进了山谷。

马宝玉大声喊道："同志们！跟我来——"

"同志们！跟我来——"……

大山、峡谷回荡着马宝玉的声音……

他扭转身跑向山崖，一声高喊，声如洪钟：

"打倒日本帝国主义！"

"中国共产党万岁！"——纵身跳下了悬崖。

与此同时，副班长葛振林、战士胡福才、胡德林、宋学义四人也飞身向崖边跑去……

高呼着：

"打倒日本帝国主义！"

"抗战必胜！"

"中国共产党万岁！"

……

纵身跳进了大山深谷。

时间仿佛静止下来，威武的狼牙山默默肃立。气壮山河的口号声回荡在群峰峡谷中，一山一山地转递着，一谷一谷地回荡着。所有的岩石、树木、荆棘和小草，一齐向宁死不屈的勇士默哀敬礼……

爬上崖头的日军，目睹眼前壮烈的一幕，个个大惊失色，目瞪口呆。他们半天没有反应过来，眼前确实像一个梦，又像一个神话，这是中国式的神话，五名八路军战士的神话！

面对五勇士跳崖处，水上源藏大佐脱下了军帽，随着他的口令，日军整齐地排成队列，恭恭敬敬向崖下三鞠躬。他们完全被我中华民族不屈不挠、捐躯殉国的牺牲精神折服了！

日本翻译官此时向清乡队喊起来："八路军真坚决啊，宁愿摔死不投降！"而一些伪军则良心受到了震撼，自惭地哭了，有的在小声地骂自己："我们是个什么东西？人家才是真正的中国人哪！"

此时，风在怒吼，易河水在咆哮，苍松静默肃立，枫树摇晃着悲痛的叶子，仿佛两千年前的悲歌又随着逝去的波涛响起——

风萧萧兮——易水寒，
壮士一去兮——不复返……

1941 年 25 日的战斗结束了，日军占领了棋盘陀只有半个小时。时隔一天，也就是 9 月 27 日，日军在营头召开了两天的"庆祝占领棋盘陀"大会，指挥官高见对着他的数千名士兵训斥道：

"学学八路军顽强的战斗精神吧！"然后又非常悲哀地说：

"他们的只有五个，我们的却有一千多人……我们被地雷炸死的就有一百多人……这是皇军的耻辱！大大的耻辱……"

几天后，一位日本兵，据说还是个小队长，匆匆登上了狼牙山。他来到棋盘陀下的道观破庙里，向李道长"讨教"，当他与七十多岁的老道长谈起五个八路军战士的情况时，老道长说："我也当过几年兵，但还没有见过像八路军这样的军队，真是神兵啊！"

日军小队长听了后表示钦佩，当即向着天空行礼，以表达对"神兵"的敬意。那颗被魔鬼俘虏的心灵，也不得不屈服于我八路军战士的神勇和精神。

1941 年 9 月 25 日是一个特殊的日子，一个耀眼的日子。在这个血色黄昏，随着太阳的落山，五位勇士——五颗耀眼的星辰，从狼牙山上升起，闪烁在敌后抗日战场的上空。五位勇士犹如一声猛虎的长啸划破暗夜，时刻令日寇心惊胆战。

五位勇士好像一个神示，一个"人"的感天动地的神示。

五位勇士，五名普普通通的八路军战士，他们最高的官职是班长，参加的战斗也不过是一场小小的阻击战，无论是与百团大战还是同雁宿崖伏击战、黄土岭击毙阿布规秀战斗相比都是微不足道的，但他们的故事是那样的感人，那样的可歌可泣，他们以少胜多的动人情节，舍生忘死、不屈不挠的献身精神，是那么惊天动地，引起了晋察冀军民乃至全国人民的关注和尊敬。

五个普通的八路军战士谱写了整个晋察冀军区的华彩篇章。

1995 年，一位诗人登上了狼牙山主峰，目睹了五勇士跳崖处，深深被英雄的精神所感染，不禁心潮起伏奋笔写出大气磅礴的诗篇《啊，中国魂——歌狼牙山五壮士》：

……

五名八路军战士
弹尽粮绝
他们用以对付狞笑的
只有石头

只有血肉了
而当石头砸不退刺刀的丛林时
就将血肉换取不屈和壮烈
在通向死神的悬崖边
他们喷出仇恨的烈火
勇敢地选择了慷慨
包括心爱的钢枪也摔得粉碎
不让豺狼有丝毫的得意
灿烂的血染红了天空
染红了大地和江河
风静静地站在松柏树梢
整个世界无言
无法想象狼群的失落与惊惧
一个宁折不弯的民族
令罪恶的灵魂颤抖了
……

绝路逢生

安息吧！三勇士

五壮士跳崖惊心动魄的一幕过去了。

日寇占领了空无一人的棋盘陀，仅仅30分钟，便垂头丧气地走了。他们如一群惊魂未定的狗，耷拉着尾巴逃回去。丧失人性的日本法西斯被彻底的震撼了，他们第一次经历过这样的战斗，第一次见过如此勇猛的军人，都在心里默想：这才是真正的军人，民族的勇士，一个民族有了这样的勇士是不可战胜的。

面对这样的军人，所有的人都会肃然起敬，并为之倾倒。侵略者们发狂而凶残的心战栗了。

且说五勇士跳下悬崖，彼此失去了联系。五个人是依次跳入峡谷的，副班长葛振林冥冥中觉得耳边有风吹树叶之声，好像感觉自己还活着，这是不是梦？葛振林试着睁开眼睛，看到的是一片漆黑，这是在阳间，还是阴曹地府？他想活动一下胳膊，刚一动身，一阵无比的疼痛通遍全身。他立刻想到了曾经的一幕，对！我与班长和战友们一起跳入悬崖的，“我竟然没有死?”他问自己，班长他们呢？活着还是牺牲了?

葛振林想弄清自己究竟是在什么地方、什么位置，他忽然记起来了，那个瞬间，他和宋学义是一前一后从一处崖口跳下去的。他闭着眼睛，直觉的身体迅速下坠，峡谷的风把两耳鼓胀得很疼。忽然葛振林觉得被树枝猛地弹了一下，随即有树枝折断的声音，两手下意识地乱抓，头被重重地击了一下，两眼一黑，便什么也不知道了。

宋学义与葛振林的境遇一样，他在距葛振林约有七八米处，恰巧被另一棵枯树挂住，他的情况比葛振林更惨：腰部受了重伤（好像是断了），左眼也被树枝戳伤，当时就昏死了过去。

葛振林醒来已近半夜时分，意识到自己还没有死。只是蓬在一棵疯长的树上，身上多处被划破了，头部摔成重伤，疼痛难忍。他觉得脑袋昏沉沉的，周围很静，一阵阵夜风呼啸而过，时而有几颗星星穿过云层透出微弱的光亮。上面是黑黝黝的峭壁的暗影，下面是深不可测的万丈峡谷。在他的左边有一道山势较缓的斜坡，葛振林艰难地转个身，手抓住岩缝，使劲挪动身子，卧在陡坡上歇息。他口干舌燥，胸腔发紧，肚子饿得已是前心贴着后心。

葛振林感觉稍稍恢复了一点儿体力，便轻声呼唤：

“班长……老胡……学义……”

没有回音。他想是不是自己的声音太小，提高了嗓子又喊：

“班长——老胡——学义——”

仍没有人答应，只听见山风呼呼。

葛振林试着活动一下身体，胳膊腿脚还能动，感觉还有气力，不由得高兴起来，啊！我居然没有死，求生的欲望在心底升起。于是他大喘了几口气，手抓岩缝、藤根，使尽全身的气力向山上爬去……

在五勇士纵身跳崖的那一刻，有一个人正在棋盘陀对面不远的大莲花瓣山上，留着热泪看着那个惨烈的场面，他叫冉元同，是狼牙山脚下易县毛儿岩乡甘河北沟村的一位农民。

冉元同1911年出生，1942年加入中国共产党，甘河北沟村是甘河村的一个自然小山庄，抗日“堡垒村”，1944年独立建村。

这位身材不高的中年农民，是甘河村的一名民兵，抗日积极分子，曾多次给八路军带路、送情报，认识很多一团的官兵。

昨天，当鬼子扑进甘河村的时候，他和村里的民兵护送乡亲们转移后，又回到村里去取忘了带走的材料，当赶到山口的时候，鬼子已经包围了狼牙山。

冉元同在躲避日军的追赶中，与五壮士在山上相遇，他劝说马宝玉他们：不要上棋盘坨，那里太危险，这山上有好多的山洞，可以藏在附近的山洞里，这一好意被六班长马宝玉拒绝了。

冉元同只好和另一名民兵藏在一个山洞里，等天黑了再去追赶转移的队伍。从早晨开始，他便听到了棋盘陀下激烈的枪炮声，就爬上了对面的大莲花瓣山上，看到了五勇士战斗的经过和跳崖殉国那壮烈的一幕。

冉元同在大莲花瓣山，由于一心牵挂着五位八路军战士的安危，哪里高，哪里能看见他们，他就往哪里去，连山洞也不钻了。马宝玉五人连续打退了敌人五次进攻，子弹打光了，手榴弹也没了，就用山上的石头砸敌人，他感动的泪水止不住地往下流。

也正在这时，棋盘陀寺庙的李老道，从松树陀的另一个山洞里钻出来，见对面险峰上八路军五名战士用山上的石头与鬼子搏斗。

李老道和冉元同在不同的方位看见，狼牙山上五个战士身边的石头扔完了，退路也没有了，面对的三面都是悬崖绝壁万丈深渊，最后舍生取义，心中升起感佩之情。

英雄的班长马宝玉，作出了宁死不当俘虏的决定，第一个带头砸碎了枪扔到山下，然后纵身跳下悬崖壮烈牺牲，献出了自己年仅21岁的生命。爬上高高崖头的鬼子兵，竟然整整齐齐排成几列，面对五壮士跳崖处，随着指挥官的口令，恭恭敬敬地一鞠躬、二鞠躬、三鞠躬。这一情节被李海忠道长看得清清楚楚。

冉元同只看见五壮士跳了下去，却没有看到挂在树上的葛振林和宋学义。冉元同认定五位勇士已经牺牲了，等鬼子撤走后他抹黑下了山，回到村寻找没有来得及转移的村民，便把五壮士的情况告诉了乡亲们。

第二天天刚蒙蒙亮，他带着村民沿着一条崎岖小道来到棋盘陀崖底，寻找烈士的尸体。太阳升起一竿子高时，他才找到了胡福才的尸体，又在脚坡的石堆上找到了马宝玉和胡德林的尸体。他继续寻找，找了一个多钟头，就是不见另两名同志的尸体，只好作罢。

他们把三名战士搬到一个平缓的土坡上，并排放在一起，周围用石块砌起，上面撒一层土和石块，简单地埋葬了。

冉元同流着泪说："勇士们，你们先在这里歇息吧，等转移的乡亲们回来后，再接你们回去……"

生命奇迹

葛振林凭着自己的感觉判断，他是在半山腰被树枝挂住的，才幸免于难。估计从他所在的位置到崖顶，不足百米，上段峭壁坡度较缓，下段却异常陡峭，稍有不慎就会跌落深渊，粉身碎骨。他发现自己存身的位置，是一棵陡壁上斜长出来的矮树，树上缠满了藤条，树的左侧有一块突出的岩石，岩石的左面是一道缓坡，可通山顶。他把满是伤痕的手伸进岩缝，牢牢抓着岩石的棱角，脚蹬着突起的石块和夹缝中长出的藤条，一步一步向崖顶爬去，累了就停下来喘一会儿，然后调动全身的力气，再爬一节。不知爬了有多远，爬着，爬着，他实在爬不动了。

葛振林咬着牙，心里默念者：坚持，坚持！坚持就是胜利！为了牺牲的战友，绝不能停下！

又向前爬了一会儿，他实在没有力气了，便趴在坡上不动了。

恰在这时，有一个人疾步来到崖顶上，向下四处张望，忽而侧耳听动静，像在寻找什么。他似乎听见下边不远处有声响，便不顾危险，急忙滑了过去，发现了葛振林。此时葛振林只有喘吁之气，却没有动弹之力。那人俯下身呼唤道：

"同志！同志！你还活着么？你醒醒。"

葛振林听见了呼唤声，睁开眼看着那人，有气无力地说：

"你……是……谁？"

那人又说道："你是不是七连的？与鬼子打了一整天的？"

"我是七连……六班的，我叫……葛……振林。"

那人激动了："你就是跳崖的英雄！乡亲们正惦记着你们哪……"

说完，把葛振林的胳膊背在自己肩上，托着他向前走（爬）去。

来到崖顶，那人将葛振林放在一块平地上躺下，把带来的水给他喝了，葛振林一会儿醒过来，那人便问："跳下去的同志是否还有活着的？"

葛振林依然恍惚："……没有了，我是被树挂住的。你是……"

"我叫余药夫，是易县青年救国会的。"

葛振林紧紧握住余药夫的手说：“谢谢你！同志。班长他们……都……都牺牲了！”眼泪夺眶而出。

这时，崖下边好像有动静，二人警觉起来，听听像是人的呻吟声。

余药夫说：“你在这儿休歇一会儿，我到陡坡上去看看。”

大约过了半个多钟头，葛振林听得崖下有叫声，急忙起身，却听余药夫说道：“还有一名同志活着哩！”

葛振林大喜，急忙踉踉跄跄向崖边走去。

余药夫已经爬上来了，背上背着一个人，葛振林一看是宋学义，急忙喊到：“学义！学义！你……还活着？我是葛振林！”

宋学义的声音非常微弱：“老葛……你……你……”又昏了过去。

不知过了多长时间，宋学义慢慢苏醒过来，吃力的睁开眼睛，眼前一片混沌；侧耳细听，山上山下没有一点儿声音。

他意识到自己还活着，而救了他的命的是那棵枯了半截的老树和一块巨大的石头。天昏地暗，周围一片死寂。他觉得浑身像散了架，伸手摸摸身上，到处都是口子，黏糊糊的，是血，疼得很厉害。他感觉到自己的腰断了，肚子里也一阵阵剧痛。他想翻翻身，活动一下身子，却动弹不得，只感到浑身针扎一样疼痛。

宋学义断定班长和其他同志都已牺牲了，不禁心中一阵悲哀，随即掠过一个念头：战友们都牺牲了，我活着还有什么意思！一头栽下去算了。忽的转念又一想：我还不能死，这样死了对不起他们啊，我必须坚决地活下去，给死难的同志和乡亲们报仇，早日把日本侵略者赶走。

想到这儿，不觉身上有了点儿力气，他抓着藤条和野草根，拼尽全力向上爬去，然而，他的伤很重，一口一口吐着血，爬了不到三四米，脊椎一阵剧烈的疼痛，便昏过去了……

二位英雄大难未死，奇迹般的得救了，竟是如此的巧遇和顺理成章，这难道是上苍的安排？

原来，1941 年 9 月 23 日这天，中共易县县委召开紧急会议，部署反扫荡工作。24 日县委派青年救国会主任余药夫来狼牙山脚下的东西水村，向住在管头村的区干部传达会议精神。傍晚时分，他们接到通知：日寇将于明天开始对狼牙山根据地进行“铁壁合围”大“扫荡”。散了会，余药夫连夜和区里的同志们组织群众向山上转移，同时进行坚壁清野。

1941 年 9 月 24 日黎明时分日寇“扫荡”开始了，3000 余名日伪军将狼牙山团团围住，干部群众立即向深山里转移。他们在八路军主力部队的帮助下越过雷区，由于乡亲们行动缓慢，被鬼子尾追而至。八路军一团七连战士英勇狙击敌人，并在山口布置地雷，打的日寇连连败退，干部群众得以顺利转移。

余药夫护送群众撤离进山，在翻越沟堑时脚部不慎受伤，行动不便，为了不累赘大家，便在山上一个废弃的小屋中疗伤，后来和转移的队伍失去了联系。鬼子占领了山口并上山后，余药夫未走脱，自己藏在一座山坡的崖洞里，说是崖洞，实是一条崖缝，这个崖缝的最上端就是棋盘陀的顶峰。

第二天拂晓，余药夫听到了日寇飞机的轰炸声和进攻的枪炮声，震天动地。担任掩护任务的八路军战士，与敌人浴血奋战，五位勇士凭着险要地势，打退了敌人十几次冲锋，最后把敌人引向绝顶。

余药夫隐蔽在崖缝中，时刻关注山顶上的战斗，五勇士舍身跳崖，他身临其境，亲眼目睹了五位勇士跳崖时的壮烈一幕。

傍晚时分，枪炮声渐渐停息下来，鬼子向五勇士跳崖处深深三鞠躬，余药夫都历历在目。当鬼子撤离后，他不顾伤痛，悄悄爬出崖洞，一瘸一拐地向山顶棋盘陀攀来，寻找英雄的踪影。

贵人相助

余药夫搀扶着葛振林和宋学义向山下艰难地走去，二人身受重伤，根本无法行走，宋学义腰部疼得难以忍受，就一点点爬着向前挪，后来挪也挪不动了。余药夫只好一个一个地朝前送，先搀着葛振林走一段，放下，再回来搀宋学义。说是搀扶，其实就是背。

这样走了一段路，好不容易到了欢喜台，把余药夫累的满头大汗，气喘吁吁，他的脚部也有伤，也是近一天一夜没吃东西了。葛振林见余药夫如此受累，也于心不忍，说：

“同志，这样走会把你累坏的，不如在这里歇歇，等天亮了再去找部队。”

余药夫看着两位勇士伤势严重，特别是宋学义已是有气无力，站都站不起来，口中还不时地吐着血，如果不及时救治，怕是撑不到天亮。他心急如焚，现在无论如何也不能停在这儿。余药夫说：

“不行！前面就是道观了，咱先到棋盘陀大庙里休歇，看有没有吃的，再坚持一会儿吧。”

由于当时山上情况不明，既担心有隐藏的敌人，又担心踩上自己人埋下的地雷，为了安全起见，余药夫先往前探一段路，摸清情况再回来搀扶二人。他来到棋盘陀下的道观旁，看了看周围，没有异常情况，便找到两根棍子，三个人相拥着一步一步向道观走去。

这座道观历史久远，已不知是什么年代所建，道观里原有几名道士，前几天都外出避难了，只有道长不肯离开。道长叫李海忠，是一位有着爱国之心的“世外高人”。在日寇向狼牙山“扫荡”前，他热情为八路军引路，帮助乡亲们迅速转移。他把部队和群众送出了狼牙山就要返回时，道路已被日军的炮火封锁，他便在另一个山峰松树陀的山洞里躲避。当时，七连战士奋勇狙击敌人，最后留下马宝玉五人作掩护，五勇士与鬼子激战在棋盘陀下，他在另一座山上。

李道长惦记着道观，更惦记着山上的五位勇士。天黑时，枪声渐渐停止了，李道长立刻下山向棋盘陀赶来。

道观已被日寇的炮火炸毁，但还没有倒塌，庙顶被山炮炸出了几个洞，里面还能存身。余药夫安顿葛振林和宋学义躺下，便寻找吃的东西，不巧在墙角里找到了一把小米，打来山泉水，为二人熬了一点儿粥。

李道长老远就听得道观里有动静，以为还有鬼子未撤走，趴在隐避处观察，证实不是鬼子才朝庙内走去。余药夫认出了李道长，惊喜万分，忙说："李道长！你没撤离？这下两位英雄有救了，谢天谢地啊！"

"怎么，是昨日阻击鬼子的战士么？"

"正是。他们是七连的……"

李道长赶快看了葛振林、宋学义的伤势，葛振林还好，只是宋学义神志不清，口中还在吐血。

李道长年轻时学过医道，出家后在狼牙山十几年来，采百草，熬制药剂，钻研医学，常为百姓解除病痛，救死扶伤，成为远近有名的中医先生。

道长弄来了盐水为二人清洗了伤口，用自己配制的中草药敷在伤口上止血，然后细心给二位英雄疗伤。慢慢地伤势得到了好转。

天刚亮，突然一名八路军战士提着枪气喘吁吁向道观跑来，来的不是别人，正是七连的司号员李文奎，他奉团、营首长和指导员蔡展鹏的命令，前来寻找六班的同志和受伤的战友。看到道观里有烟火就匆匆赶了过来。一眼看见了躺在地上的葛振林和宋学义，真是百喜交集，眼泪刷的流了下来："副班长，老宋！你们还活着！首长挂念着你们，让我来接你们……"

三个人紧紧地抱在一起，痛哭失声。

李文奎对山上的敌情比较了解，山下还有没撤走的鬼子和汉奸，他们选择了一条安全而僻静的小路，招呼几名担任警戒的战士，抬着葛振林、宋学义下了山，返回部队。李道长千叮咛万嘱咐，又带了一些配制的草药。

中午，在一个山口处，余药夫、李道长和八路军战士含泪握手道别。

余药夫是五壮士幸存者的主要救护人之一，40 余年后，他在《广西日报》撰文回忆道：狼牙山战斗打响后，十九岁的余药夫在紧急中发现悬崖有夹缝，便攀藤顺崖而下，隐藏其中。葛振林、宋学义跳崖后被挂的地方离洞不远，他待鬼子撤走后，忙把葛、宋二人救下，并先后背送他俩脱离了危险。

时隔 45 年后，葛振林和余药夫于 1986 年 9 月 25 日相会于河北易县举行的"狼牙山五壮士纪念塔"落成典礼大会上。由于种种原因，余药夫等人救助葛振林、宋学义的事直到 20 世纪 80 年代末才得以公开。

伤愈归队

采访英雄

在六班五勇士与日寇进行殊死搏斗的时候，晋察冀一分区司令员杨成武始终关注着狼牙山上的阻击战，他一次又一次向一团团长邱蔚要电话，询问群众转移和主力部队撤退的情况，又深深为六班五位战士的安危担忧。

邱蔚团长在几公里以外的山头上，用望远镜看到了五勇士英勇阻击的战斗场面，深深为五位战士捏一把汗。又为他们的大无畏精神所感动，他们本来可以突围出去，追赶大部队，但为了部队和群众的安全，却毅然把敌人引向绝顶。

1941 年 9 月 26 日夜，邱蔚通过“飞线”电话，向在狼牙山北面的一分区司令部杨成武司令员报告说：

“日寇已从狼牙山撤兵，正在向平汉铁路增援，我区县游击队正返回狼牙山搜救散落的群众和隐蔽的伤员。”

杨成武问：“六班的五名同志怎么样了？”

"报告司令员，七连六班五位战士宁死不屈，砸烂枪支，纵身跳下了万丈悬崖……"邱蔚有点儿哽咽。

杨成武司令员听后沉默下来，军分区全体同志肃然起立，为我晋察冀一分区有这样的伟大战士感到骄傲和自豪，同时又为失去五位优秀的战士而痛心。杨司令激动地说：

"他们是狼牙山的五壮士，是我们一分区的光荣！是我们八路军的骄傲！"

杨成武司令员铺开纸，庄重写下了五位战士的名字：马宝玉，葛振林，胡福才，胡德林，宋学义。

随即，他命令机要科向晋察冀军区司令部发电报，直接向聂荣臻同志报告，电报内容是：

狼牙山五壮士断后阻击，与敌激战，弹尽粮绝，舍身跳崖，壮烈殉国。

1941年9月27日，葛振林、宋学义在七连司号员李文奎的护送陪同下，带伤归队了。这无疑是一个天大的喜讯，邱蔚团长高兴地立即拨通分区司令部的电话，向杨成武司令员报告这一惊人的消息——狼牙山五壮士葛振林、宋学义，跳崖后被树枝挂住，绝路逢生，现已带伤归队！

杨成武听到这个消息，马上安排政治部派人去一团采访，了解事情的真相。

五壮士跳崖的第二天，宣传科的钱丹辉受命前往狼牙山采访。这次采访之行还有一个重要任务：代表军分区领导慰问看望生还的葛振林和宋学义同志。

时过六十余年后，满头白发的钱丹辉老人回忆说：

“1941年9月25日，我在晋察冀军区一分区政治部任职宣传干事，那天刚吃过早饭，就接到政治部的命令，让我前往狼牙山调查采访五壮士事迹。我当下打好背包就出发，经过一夜赶路，次日上午，我爬上了棋盘坨，在老君堂见到五壮士所在的一团团长邱蔚，这位年轻的指挥员含泪向我讲述了整个情况。”

1941年9月25日，五壮士在棋盘陀与日寇激战的情景，团长邱蔚在另一座山峰上用望远镜观看着，他为五位勇士的大智大勇而激动，又为不能下山救援而焦虑，当五壮士弹尽粮绝，把日寇引向棋盘陀，砸烂枪支，纵身跳崖时，这位身经百战的年轻团长流泪了：“六班是好样的！七连是好样的！他们不愧为我红一团的钢铁战士。”

邱蔚团长对五壮士的事迹作了简单的介绍。葛振林和宋学义已被送到一分区卫生部治疗。告别邱蔚团长，在一名战士的陪同下，钱丹辉急忙从后山下了山，匆匆赶往桑岗卫生部，见到了正在接受治疗的葛振林和宋学义。

野战部队医院医务人员被英雄的事迹所感动，全力以赴为两位英雄救治。葛振林头部受伤，头上磕了一个洞，造成轻微脑震荡。宋学义腰椎严重错位，一只眼睛受伤，伤势严重，经过抢救才保住了性命。

二位英雄听说军分区来人采访他们，显得不好意思起来，忍着疼痛挣扎着坐起来，钱丹辉慌忙制止，又让他们躺下。

宋学义因摔断了脊椎，伤势较重，说话有点儿吃力；葛振林伤势显得较轻些，靠在床上可以自己进食。钱丹辉向他们转达了军分区首长的慰问和嘱咐，然后详细询问了狼牙山阻击战的战斗经过。怕影响他们的休息，没敢多耽搁时间，安排了有关事项，钱丹辉便连夜赶回军分区。

钱丹辉采访了二位英雄，被英雄们的事迹深深震撼了，回到军分区后，含着热泪连夜将五壮士的英勇事迹写成了一篇800多字的文稿。第二天天刚亮，便将文稿送给杨成武司令员审阅，杨成武看后非常满意，高兴地说："写得好！写得很好！真实，感人，荡气回肠！"然后，安排机要科：

"要用电报的形式发往晋察冀军区。"

军区聂荣臻司令员接连收到一分区两份电报，认为"狼牙山五壮士"的事迹非常感人，精神可嘉，是一个很好地英雄典范，指示：

"马上向八路军总部转报。"

电稿很快被传送到延安，八路军总部又向全军和各级党组织通报了这一情况，号召各抗日根据地军民向"五位勇士"学习。狼牙山五壮士的英勇事迹随即传遍了晋察冀，传遍了整个敌后抗日根据地。延安新华广播电台还向全国作了广播，许多家报纸纷纷刊载了这一消息。各大城市刊登"狼牙山五壮士"的报纸印刷出来，便被抢买一空，民众争相传阅。

"五壮士"表现出的不屈不挠的民族气节和舍身跳崖的英雄壮举，成为我抗日根据地的一面旗帜，也成为全国军民英勇抗战的一面旗帜。极大地鼓舞了全国人民的精神斗志，增强了抗战必胜的信心和决心。

一位新闻工作者写道——

"今天歌唱反'扫荡'胜利的边区东线的人民和军队，在唱出他们最高昂的音调，在齐声颂扬着棋盘陀五个壮士英勇奋战的功绩。承受了八路军传统的顽强战斗的五个壮士，给青年边区子弟兵添上了高尚的骄傲和无限的光荣，人民以有了这样的子弟兵而获得了更多的夸耀和勇敢。”

晋察冀军区政治部作出了“宣传五壮士，向英雄学习”的决定，聂荣臻司令员指示：要通过各种形式，广泛宣传学习狼牙山五壮士的英雄事迹，做到家喻户晓，以激励军民斗志。

一分区前线抗敌剧社的同志们，把五壮士的英雄事迹谱成了《五壮士之歌》、《狼牙山五壮士歌》等脍炙人口的歌曲：

五大英雄真勇敢，
铁做的心，铁做的胆，
坚决守着棋盘陀，
坚决守着狼牙山。
……

秋云盖住狼山头，
秋风吹着狼山腰，
多年石头也流泪，
勇士人格齐天高
……

这些歌颂五壮士英雄壮举的歌曲，曾唱遍了晋察冀边区的田野和村庄。歌曲像长了翅膀从狼牙山飞向全国各个抗日战场，飞进军营，飞进千家万户，很快在战士们、百姓之间传唱开来。五壮士的事迹通过各种媒体也传到了国外，在国际反法西斯阵营里也引起了很大的反响。国际上许多报刊、广播电台予以专题报道。有一位西方记者，被五壮士的英勇事迹感动了，不远万里来到中国，专程到狼牙山采访。

那是一个晴朗的中午，西方记者在军分区政治部人员的陪同下，登上了狼牙山。记者被狼牙山的雄伟奇险所慑服，他一步一步沿着五壮士战斗的足迹向山顶攀登。当小心翼翼地登上“通天梯”、攀过“阎王鼻子”、“小鬼儿脸”等险要处，登上棋盘陀峰顶，站在五位勇士跳崖处向下望去，吓得直吐舌头，连连大叫：“真是不可思议，八路军真得了不起！”然后，翘起大拇指由衷地称赞道：

“中国伟大，侵略中国者必败！”

对狼牙山五壮士跳崖的壮举，聂荣臻司令员非常重视，给予了极高的评价。聂司令员在晋察冀军区的一次会议上，高度赞扬了狼牙山五壮士的英勇行为，他说：

“在他们身上，体现了中国共产党领导的人民军队的优秀品质，体现了中华民族的英雄气概，我们要继承下去，发扬光大。”

1941 年 10 月 18 日，为了悼念为国捐躯的马宝玉、胡福才、胡德林三位烈士，第一军分区隆重召开了追悼大会。司令员杨成武在追悼大会上宣读了晋察冀军区司令部和政治部发出的训令。训令要求全军区部队学习马宝玉等五位勇士英勇、坚决、顽强的斗争精神，在全区迅速掀起学习五壮士的热潮。同时晋察冀军区决定了四项纪念办法：

一、在每次战斗中，高度发扬英勇顽强的战斗精神，以战斗胜利纪念他们；

二、在烈士牺牲的地方建纪念碑；

三、授予马宝玉、胡福才、胡德林三烈士为一团模范荣誉战士，每逢纪念日点名，首先从荣誉战士点起；

四、对光荣负伤的葛振林、宋学义除通令嘉奖外，各赠“模范青年”奖章一枚。

追悼大会召开不久，葛振林和宋学义在医护人员的精心治疗下也伤愈出院了。邱蔚团长派七连指导员蔡展鹏把二位英雄接来，当吉普车驶进一团驻地北娄山的时候，几千名战士和乡亲们涌上路口迎接他们。看着这热烈的场面，葛振林和宋学义感动得流下泪来，也更加怀念他们死难的战友。

第二天，一分区在一团驻地易县北娄山举行了盛大的颁奖大会。会上，宣布了“向英雄学习”的决定，杨成武司令员将军区颁发的“坚决顽强”五星奖章和“模范青年”银质奖章，亲自戴到葛振林和宋学义的胸前。一分区政委罗元发给两位壮士戴上了英雄花。大会上七连还荣获了一面鲜艳夺目的锦旗，上写：

“学习五勇士顽强的革命精神，发扬英勇果断的战斗作风”。

最后，杨成武司令员宣布了晋察冀军区的命令：送葛振林、宋学义二同志到“抗大”二分校学习深造。

人民的纪念

1941年11月5日，中共中央晋察冀分局机关报《晋察冀日报》上刊登了一篇通讯《棋盘陀上的五个“神兵”》，在整个华北地区引起了强烈的反响。这篇通讯，饱蘸了浓郁的激情，以磅礴的气势和悲壮的笔调，再现了9月25日狼牙山五位勇士惨烈的战斗场面和大无畏的英雄气概。在11月7日《晋察冀日报》上发表的晋察冀军区司令员聂荣臻等签署的训令中，正式称这五名战士为——“狼牙山五壮士”。

人们忘不了《晋察冀日报》，更忘不了冒着生命危险写出了《棋盘陀上的五个“神兵”》的战地记者沈重。时隔六十余年后，当年亲历了那段历史的原晋察冀日报两位新闻界前辈，铁道部的陈春森和北京日报的赵继英老人娓娓讲述了这一典型报道见报的经过——

晋察冀日报社十天前就接到了敌人已经出动的情报，本应和军区机关一起转移。可是，他们选择了留下出报。转移推后了十天，报纸出了十期。他们把这十期报纸在反“扫荡”军民中产生的作用，看得比自己的生命更重要。对晋察冀日报的人来说，在任何时候，出报，永远是第一选择。

当日寇离报社还有不到十公里的路程时，报社人员才停止印报，急行军撤退。可是原计划的撤退路线已经被敌人截断，深山的小路上也发现了敌人。报社决定，器材就地掩埋，稿件不能丢失，所有人员编成几十个战斗小组，分组突围。陈春森老人说，他带着一个小组，每个人背一袋稿件和五颗手榴弹。他们趁黑夜攀上石崖。白天敌人飞机又来了，他们躲在山崖缝隙中隐蔽，同时整理新闻稿，作突围后出报的准备。

几天后，突围出来的人们在一个山顶上的小村里隐蔽下来。小村只有两三户人家，叫铧子尖村。这里距敌人还不到五公里。晋察冀边区的老百姓喜欢《晋察冀日报》，他们拼出性命来掩护报社。敌人一出动，老百姓就来报告，报社的人立刻掩埋机器设备，从山后撤退。敌人走了，再挖出机器继续印报。在那段日子里，印刷机被七埋七挖，报社人笑称“七进七出”。敌人怎么也想不到，他们四处奔忙也找不到的《晋察冀日报》，就在他们的眼皮底下出版着铅印报纸。在铧子尖村隐蔽的25天里，报纸共出了23期。

据推算，报社在铧子尖村隐蔽的最后日子里，正是狼牙山上鏖战最激烈的时候。

狼牙山上的这场战斗，论规模，不算大仗；论参战人数，我军只有五名；论级别，最高的是班长。如果以今天个别记者追求采访高级别，大规模，大场面，大事件的标准来看，这场战斗没有什么采访价值，完全可以忽略不记。

可是《晋察冀日报》的新闻工作者不这样认为，《棋盘陀上的五个“神兵”》的作者沈重不这样认为。

沈重是晋察冀日报驻易县地区的特派记者，当他得知这一事迹后，立即奔赴五壮士所在部队深入采访。那个年代，不用说现代化的交通工具，甚至自行车都没有。记者采访无论路途多远都要徒步走去。而沈重又是一个一只眼睛完全失明，另一只眼睛也要靠眼镜矫正的人。

在崎岖的山路上，我们不知道这位学生出身的八路，脚上打了多少血泡，身上被荆棘划了多少口子，也不知道他是不是被石头绊倒，来不及抚摸身上的擦伤，摸索着在地上找眼镜……我们只知道，狼牙山五壮士跳崖后的第二十四天，也就是1941年10月19日，沈重的文章完成了。他用饱蘸情感的笔触，讴歌了这五位普通战士的英雄气概和崇高行为。

稿件经秘密交通线送往报社驻地。交通员怀里揣着稿子，沿着深山沟里的羊肠小道，提防着山林里的狼和豹子，躲过日本鬼子的搜山、汉奸的袭扰，从易县出发，经过完县、唐县、曲阳县、行唐县、灵寿县，才到达报社驻地平山县南滚龙沟村，共计七个县，200多公里路。稿子到达后，社长邓拓和编辑部都很重视，立刻进入编辑程序，进而排版印刷，发行到边区内外的读者手中。

通讯见报的那天，距五壮士跳崖的1941年9月25日整整40

天。在条件恶劣的抗日战争年代，一个重大题材的报道能在40天见报，可以想见这40天里有着多少辛劳、危险、艰难，然而，更多的是热爱。是党报工作人员对党报的热爱，对英雄人物的热爱，对党的事业的忠诚。

（注：《晋察冀日报》的前身是《抗敌报》，1937年12月11日在河北省阜平县创刊，舒同兼报社主任。1940年11月7日改为《晋察冀日报》，邓拓任社长兼总编辑。《晋察冀日报》终刊后，与晋冀鲁豫《人民日报》合并，改组成为中国共产党中央委员会的机关报《人民日报》的前身。）

在《晋察冀日报》发表了记者沈重写的长篇通讯《棋盘坨上的五个“神兵”》之后。晋察冀军区领导发出指示，要求各部队学习五壮士宁死不屈的英雄主义精神。1941年11月中旬，诗人方冰和作曲家李劫夫满怀激情创作了《狼牙山五壮士歌》，在军区部队和群众中广为传唱：

“巍巍燕山高，潇潇易水寒；
英雄五壮士，威震狼牙山……”

《狼牙山五壮士》：

棋盘坨，山崖高，壮士的血花红，血花红，血花红。
勇敢的八路军，五个好英雄。……

1942年1月，晋察冀一分区决定在狼牙山棋盘陀顶峰五勇士跳崖的地方建立纪念塔。为的是永远纪念五壮士的历史功绩，缅怀烈士，激励根据地军民的抗敌斗志。

2月，一分区研究出了“狼牙山三烈士塔”建塔的具体方案，这一“方案”报到了晋察冀边区人民政府，边区政府大力支持一分区的决定，批准在棋盘陀上动工修建纪念塔（碑），并将易县狼牙山后的五马义村改名为五勇士村。

一分区司令员杨成武、政治委员罗元发非常关心纪念塔的建造情况，曾多次到现场勘察，文印股长万一同志在塔的正面书写了“狼牙山三烈士塔”七个大字，塔背面刻有纪念碑文和首长的题词。

晋察冀军区司令员聂荣臻在碑体上书写了“狼牙山三烈士纪念碑”名，并且题词：

视死如归本革命军人应有精神
宁死不屈乃燕赵英雄光荣传统

军区政治部主任朱良才手录邓拓同志诗一首作为提词：

北岳狼牙耸，
边疆血火红。
捐躯全大节，
断后竟奇功。
昔畴农家子，
今朝八路雄。
五人三烈士，
战史壮高风。

一分区司令员杨成武、政治委员罗元发、副司令员高鹏、参谋长徐德操、区专署专员李耕涛、专署人民武装部部长王道邦等领导同志分别题了词。

“狼牙山三烈士纪念碑”《碑文》写道：

风萧萧兮易水寒，壮士一去兮不复还！呜呼！五壮士已战死矣，而生者犹继续为人民战斗。望狼牙巍巍之高峰，谁不为之赞叹而高歌我军对民族之忠贞，坚信我民族之不可战胜也！

（注：原碑文无标点。）

杨成武司令员为狼牙山五勇士的题词是：

狼牙山涧成壮志威震敌胆，
易水河源舒正义万世流芳。

“三烈士纪念塔”于1942年3月初动工兴建，塔约十米高，全由狼牙山石头垒砌而成，于1942年9月竣工。10月初，一分区召开了隆重的“三烈士塔”落成典礼大会，晋察冀军分区首长、一团干部战士和当地区县党政干部及群众一千五百余人，参加了落成典礼。

“三烈士塔”巍然耸立在狼牙山上，它像一面迎风飘扬的战旗，鼓舞着晋察冀广大军民抗战到底的决心。

然而，“狼牙山三烈士塔”的兴建，令日本侵略者朝夕不安，他们非常害怕和嫉恨这座高高耸立的纪念塔，并千方百计地想毁掉它。

日本鬼子惧怕“三烈士纪念塔”，还有一段带有传奇色彩的故事。

1943年10月，日寇再一次向我狼牙山根据地“扫荡”，日军指挥官看到屹立在狼牙山棋盘陀上的“三烈士纪念塔”，十分恐惧，命令一个鬼子小队去炸掉令他们魂飞胆丧的“纪念塔”。这队日本兵心惊胆战地向棋盘陀爬去，当快要登上棋盘陀顶峰时，一个鬼子兵恍惚中看见“五壮士”怒目圆睁，吼叫着搬起石头向他们砸来，鬼子兵吓的尖叫一声跌入峡谷中，后面的鬼子向后便倒，屁滚尿流滚下山去。鬼子死的死，伤的伤，都说是五壮士“显了灵”。

指挥官气得“哇哇”乱叫，命令架起山炮向“三烈士塔”轰击。一连打了十几发炮弹，也没有击中。后来指挥官亲自操作，费尽了心机才将“三烈士塔”拦腰炸断。不料日军指挥官在下山时，却被埋在山腰的地雷炸断了一条腿。从此，鬼子一提起狼牙山上的纪念塔，就不寒而栗。后来，当地的乡亲们传说，这颗地雷还是那天马班长打阻击战时埋下的，八路军和老乡们来山上它不炸，专炸日本鬼子，“狼牙山上的地雷也认人哩！”

日本侵略者炸毁了“三烈士纪念塔”，却抹不掉人民群众对狼牙山五壮士的敬仰与怀念，更加激起了根据地军民对侵略者的刻骨仇恨，树立起抗战到底的决心。

第二次修建“三烈士纪念塔”是在1959年年初。为了缅怀狼牙山五壮士的英雄业绩，继承发扬五勇士的革命精神，中共易县人民委员会决定重修“狼牙山三烈士纪念碑”，修建“狼牙山五勇士纪念塔”，由聂荣臻元帅亲自题写了“狼牙山五勇士纪念塔”的塔名和铭文。彭真、刘澜涛、罗瑞卿、杨成武等领导同志也分别题了词。

重建的纪念塔为砂石水泥筑成，是空心五棱五层，塔高五丈七尺，塔基周长八丈八尺。纪念塔坐北向南，两边分建五角亭各一个，亭内各设有五角石桌一个，石桌周围设有石鼓座五个，纪念塔东西各有盘道，周围有漏花墙，墙下有月台、牌楼，牌楼的东、南面各有一个小花园。

1986年，在党和政府的关怀下，第三次修建了“狼牙山五勇士纪念塔”，河北省委、省政府决定拨出专款，由易县县委、县人民政府负责兴建，于1986年3月16日正式破土动工，历时六个月零十天，在五壮士牺牲纪念日：9月25日全面完成。

这座纪念塔由塔身、碑廊、凉亭、牌楼等组成，建筑面积四百四十平方米。新塔呈乳黄色，塔身五层，呈正五边形，全部是钢筋混凝土结构。占地69平方米，底座直径3.6米，塔高21.5米。塔顶设凉亭式黄琉璃瓦塔帽，为中空正五棱柱体，塔内有五级钢梯攀援而上，直至塔顶小楼。塔身正面（南面）“狼牙山五勇士纪念塔”九个金黄色大字为聂荣臻元帅亲笔题写，上面镶嵌着五壮士的英雄浮雕，写有“三烈士”碑文，塔座四周花坛环绕。那乳白色纪念塔耸立在群峰绿色环抱之中，显得更加雄伟壮观、庄严肃穆。

五勇士浮雕像镶嵌在与塔底同高的一面汉白玉旗上。与塔底层相连，向东有一碑廊，碑廊东端是一碑亭，亭内有一个六棱大理石碑，碑上刻有彭真、聂荣臻、杨成武、刘澜涛、陈正湘、史进前等十二位领导人的题词，纪念塔周围还有浇筑的栏板、牌房和围墙。1942年，杨成武、罗元发、高鹏同志为马宝玉、胡德林、胡福才三烈士写的碑文镶嵌在南面围墙中间。

1986年9月25日，也就是狼牙山五勇士跳崖四十五周年纪念日，重修“狼牙山五勇士纪念塔”落成典礼仪式在狼牙山脚下的东西水村举行。来自中央、河北省的首长和各级党政军领导以及数千名群众参加了庆典，还邀请了一百余名在狼牙山根据地战斗过的老战士，参加了盛大的典礼仪式。五壮士之一的葛振林也被邀参加了这次盛会。英雄佩戴大红花，故地重游，思绪万千，他对这里的一山一水一草一木都有深厚的感情，这是他与战友们曾经战斗过的热土啊！

全国解放以后，易县人民政府在狼牙山脚下的北娄山村建起烈士陵园一座，名“北娄山烈士陵园”，马宝玉、胡德林、胡福才和1156名在抗日战争中牺牲的烈士长眠于此。

狼牙山五勇士以他们年轻的生命和满腔热血，谱写了一曲中华民族英勇战斗的慷慨悲歌。为了纪念五勇士的英雄事迹，弘扬五勇士的革命精神，彭真、聂荣臻、杨成武、刘澜涛等十四位领导人分别为五勇士题词，以激励后人。

狼牙山五勇士精神永存

1958年，文艺工作者又将“狼牙山五壮士”的英勇事迹搬上了银幕。时任《解放军报》记者处处长的和谷岩同志，抗日战争时期在晋察冀军区第三军分区工作，他们活动的地区距离狼牙山仅几十里，五壮士跳崖的英雄事迹，给了他和他的战友们以极大的震撼和鼓舞。全国解放后，和谷岩和战争年代的两位老战友邢野、孙福田同志相聚在北京，便萌发了写五壮士电影剧本的渴望。和谷岩回忆起当年创作的情景时说道：

“提起我们当年的感受，仍然有着一种强烈的创作冲动。经过多次酝酿，产生了把狼牙山五壮士的英雄事迹写出来，搬上银幕的想法。从1956年开始，我们先后采访了原晋察冀军区第一军分区司令员杨成武将军和原一分区一团团长邱蔚将军，并多次采访了五壮士之一的葛振林同志，查阅了当时能够收集到的所有相关资料。当时我们三个人都是利用业余时间进行创作，1957年写出了定稿本，

1958年由八一电影制片厂摄制完成了影片。现在来看，电影《狼牙山五壮士》虽然显得比较粗糙，但是由于它的题材意义重大，事迹感人，所以在广大观众中产生了经久不灭的巨大影响。作为作者，我们只是为弘扬中华民族宁死不屈的英雄主义精神，真实地记录战争年代发生在敌后抗日根据地里一个气壮山河的英雄故事，尽了一份绵薄之力。”

故事片《狼牙山五壮士》鼓舞和教育了好几代人，召唤起英雄儿女们无比强烈的歼灭敌寇的豪情壮志。谈起往事，老人依然豪情澎湃，胸中久久回荡着那令千百万人激昂的主题歌雄壮优美的旋律——

高山擂鼓，大风鸣起锣，
苍天拨动日月琴，江河慷慨悲歌。
昔日易水河畔，渡过英雄荆轲，
易水波浪滚滚，英雄血溅秦国。
啊！昨日狼牙山顶屹立着壮士五个，
棋盘陀上的峭壁，壮士挺身跳落。
多少英雄的鲜血，换得锦绣山河！
且看中华儿女，创造幸福中国；
且看中华儿女，创造幸福的中国。

战友的思念

英雄情结

宋学义在抗大二分校毕业后，光荣加入了中国共产党。在战争的洗礼中，他成为一名真正的共产主义战士。不久，荣升为排长，英雄本色不减当年，他回到了七连，仍然是一名普通的战士，只是以一个党员的觉悟承担了更多的责任和义务，每次战斗总是冲在前头，屡建战功。但由于战火的摧残，身体越来越坏了，特别是当年跳崖腰椎受了重伤，一直没有痊愈，落下了残疾。

战争的残酷性使宋学义身体每况愈下，长途的行军和战场拼杀已令他身体不支，有时伤口疼痛走不了路，还要叫战士们背着、抬着。他想，我身已残，不能再继续打仗了，待在连队里还给领导和战士们找麻烦，咱不能只躺在功劳簿上呀！他把自己的想法向首长作了汇报，首长们怎舍得让他离开部队？在他的坚持下，宋学义便于 1944 年夏复员到易县北管头村落了户。

北管头村是宋学义战斗过的地方，又是八路军的“堡垒”村，这里的每一户人家，每一位村民他都熟悉，村里的一土一石一草一木他都有感情，北管头村是他的第二故乡。

宋学义来到村里，村民们都知道他是战斗英雄，十分敬重他。但他不以功臣自居，只把自己当成一名普通的老百姓。村里分给他二亩土地，三间房，算是安了家。他时刻不忘自己是一名共产党员，积极参加党的组织活动，带领民兵训练，帮着困难群众干活，空闲时间他就常常戴着一顶草帽，挑着筐，村里村外拣粪。谁家有了难事儿，他积极帮着解决，群众也待他像一家人。

不久，乡亲们推选他当了北管头村农会主席。他上任后，不顾自己的伤残，一心一意为群众办事，积极带领着乡亲们搞土改，分田地，反奸除霸，支援前线。宋学义日夜为群众操劳，也得到了大家伙儿的关心。大家说："学义整日为我们操心，现在还光棍儿一人，身边总得有个人照顾啊!"便张罗着为他说媒。

1946 年 3 月，在村民们的热情介绍下，宋学义与本村贫农李老广的女儿李桂荣结了婚。

后来，李桂荣对那段艰苦的岁月有一段美好回忆，让我们在另一个"战场"上得以了解英雄的真实风貌：

"有一天，刚吃罢早饭，李村长的嫂子来叫我帮她打打线穗儿，到了她家我刚坐下，就见有个带大草帽的人，连喊几声：'嫂子''嫂子'，走进院来。我只顾干活儿，连眼也没抬，谁知人家这样安排是叫我和老宋相亲呢。

"回到家，妈问我：认识宋学义吗？我说：人家是抗日英雄，来咱村几年专给群众办好事。

"后来，由父母做主，我们就结婚了。

"北管头村离保定府只有几十里，离村不远就是日伪据点。这些日军经常到狼牙山下'扫荡'，推行杀光、烧光、抢光的'三光'

政策。老宋在俺村除了组织大生产运动和支援前线等工作以外，还要对付敌人的‘扫荡’和捣乱。只要一听说敌人出发了，就赶紧将乡亲们分散到青纱帐里和狼牙山上。稍有耽搁，就被鬼子抓住杀害了。前几年，村里有几个妇女，就是因为躲闪不及，被鬼子抓住，强奸后用刺刀刺死的。每逢这时，老宋总是将个人安危置之度外，历尽艰辛，保证乡亲们的安全。一次反‘扫荡’下来，老宋总要瘦十几斤。”

1945年8月14日，日本宣布无条件投降后，宋学义激动的流了一夜的泪，从参军后他就一直盼着这一天啊！这是多少抗日军民用鲜血和生命换来的。这一天终于来到了，他能不流泪吗？这高兴的泪不是他一个人的，还有马宝玉、胡福才和胡德林三个人的。从此，宋学义心中便产生了一股强大的动力，浑身有着使不完的劲。他时刻思念着死难的战友，决心下半生要为他们而活，学义说：“我只有努力干好工作，才是对他们最好的思念。”因此更是一心扑在工作上，别无他图。乡亲们没有不从心里佩服的，他在村里的威信很高。

谈起英雄宋学义，便会想到一个人，一个原本与宋学义素不相识的人，却把自己的大半生和英雄联系在了一起，他叫李成杰。

现今年逾古稀的李成杰是宋学义生前的老朋友。50年代，他在听了宋学义的报告后，就和老宋结下了深厚的感情，成为莫逆之交。接触过程中，他深为老宋的优秀品德所感染，决心宣传宋学义的英雄事迹，宣传狼牙山精神，他从此走上了收集、整理宋学义资料的漫漫长路。

他有一种比别人浓重得多的英雄情结，一种难以割舍的狼牙山情结，这个情结贯穿着他的一生。

他曾经给壮士许下诺言：“老宋，将来我一定将你的事迹写成作品宣传出去，让后代子孙永远记着这段历史。”

他是这样说的，也是这样做的。40 多年来，李成杰一刻也没有忘记这个承诺，在收集宋学义的材料那些年月里，他不惜将自己的工资用尽，还欠下了几万元的外债。为了得到一张狼牙山作战地图，他三赴河北易县；为了搞到宋学义的一件遗物，他请求军事博物馆复制；为了了解狼牙山地形，他三上狼牙山；为了掌握战争年代的宋学义事迹，他南下湖南衡阳拜访老英雄葛振林，三去宋学义的岳父家河北易县北管头村……他跑图书馆，购买书籍，复印材料，等等，一切的花费都是自掏腰包，没有向任何人和部门要过一分钱。

几十年来，他在全国各地发表了有关宋学义的文章几十篇，数十万字，已出版 20 多万字的历史文献资料：《狼牙壮士宋学义》。

《河南商报》有一名记者被李成杰的事迹所感动，在狼牙山棋盘陀上采访他时问道：“老李，您作为五勇士之一宋学义的研究者，你认为五壮士的壮举体现了一种什么精神？我们应当怎样向他们学习？”

李成杰非常感佩而又十分精辟地说：“五勇士面对几千名具有‘武士道’精神的日本侵略者，脸不变色心不跳，英勇阻击，机智诱敌，打死一百多名日伪军，弹尽援绝之后，舍身跳崖，壮了军威，壮了国威，使侵略者闻之丧胆。这种大无畏的爱国主义精神就是我们中华民族之魂，他们就是使中华民族永远立于世界民族之林的精英。狼牙山精神是我们后世子孙永远的精神财富，也是世界热爱和平的人们的珍贵历史瑰宝。狼牙山战斗闻名全世界，英雄的名字也在世界各地所留传，我们要学习他们不畏强暴，敢于牺牲的大无畏革命精神，教育后代子孙勿忘国耻，努力工作和学习，为振兴中华而献身。”

四十五年狼牙情

葛振林伤愈后，和宋学义一样又回到英雄七连，重新组建了六班，在血与火的洗礼中，六班仍然是全连的“尖刀班”，他们继承马宝玉三位烈士的遗志，顽强战斗在晋察冀抗日根据地，直到把日本侵略者赶出中国。

日寇投降后，葛振林先后投入到解放战争和抗美援朝战争中，转战各个战场，屡建奇功。朝鲜停战后他光荣回国，在湖南省警卫团后勤处、湖南省公安大队、衡阳市人民武装部和衡阳警备区后勤部等部门工作，1982 年离休。葛老离休后，英雄的精神一直不灭，他不是想着自己如何享福，如何得实惠，而是想着怎样为社会发挥自己的余热，先后担任了全国近二百家中小学的校外辅导员。

葛振林是“特殊材料制成的老人”，“他的顽强是一个老兵与生俱有的。”原衡阳军分区副司令员朱旭这样理解着他相知相识六十四年的战友葛振林。

1941 年，朱旭在晋察冀军区政治部负责发放药品，在当年 11 月 5 日的《晋察冀日报》上，他看到一篇题为《棋盘坨上的五个“神兵”》的报道，而此报道多年后被修改编入小学课本，定名为《狼牙山五壮士》。

1941 年 11 月 7 日，晋察冀军区司令员聂荣臻签署训令，将五位战士命名为“狼牙山五壮士”，“那时候我就知道了有这么五个人，但还未见过老葛。”朱旭说。

抗日战争胜利直至新中国成立初，葛振林历经天津、张家口、清风店和太原战役，还参加过江西剿匪和抗美援朝，全身六处负伤，为三等甲级伤残。

长沙解放时，当时在湖南省军区政治处军邮办事处任处长的朱旭第一次见到了葛振林，他的第一印象是葛振林“瘦高瘦高”，并且总是“笑呵呵的”。

抗美援朝归来，葛振林历任湖南省军区警卫团后勤处副主任、湖南省公安大队副大队长、湖南省军区警卫营长、衡南县兵役局副局长、衡阳市人武部副部长。大约在1962年，葛振林调任衡阳军分区后勤部副部长，正式和朱旭成为同事。

“认真是他的一大特点，他在后勤部负责军装的发放、后勤保障等物资的管理，从来没出过错。”朱旭说。

1966年春，葛振林鉴于自己的身体条件，向衡阳军分区司令部提交申请希望休养，上级考虑到他的伤病，批准了这一请求，当年8月，这位老英雄离岗退养，时年四十九岁。

十六年后的1982年，葛振林正式离休，享受正师级待遇。

1986年9月25日，新建的“狼牙山五勇士纪念塔”在河北易县狼牙山下东西水村正式举行落成典礼仪式，老英雄葛振林作为“重点人物”被特邀参加。24日，葛振林在易县人民武装部青年干事的搀扶和记者们的簇拥下，登上了狼牙山。

伫立在雄伟壮观、庄严肃穆的纪念塔前，葛振林抚今追昔，感慨万千。因为他是此次典礼的中心人物，不少记者拿着照相机、话筒对着他，询问当年留下的一个个“谜团”：

“请问葛老，当时你跳下崖后，是谁救了你?”

“唉！多少年了名字我已记不清，只记得是个普通老百姓。”葛振林心情沉重地回答。

“那你现在找得到不?”

“我曾经寻找过，但一直找不到他的下落，直到前几年才有了消息。”

提起当年救过他的“恩人”，葛振林愧疚万分：“人家救了俺，为啥连名字也没记清楚呢?”

多少年来，他时常念叨着：“当年狼牙山跳崖遇险，若不是恩人深夜援救，不昏死，也会被狼吃掉，救命之恩难忘呀!”

提起那段传奇往事，葛振林记忆犹新：

“我与宋学义在破庙里休养了一天，伤已轻多了，我们就要找部队去。当时十九岁的恩人也要跟着我们，我说不行，你回家吧，这些天不知死了多少人，去看看你家人死了没有，你赶紧回去，他却依依不舍，跟着我们走了很长的一段路。那时军民关系真好哩，他舍不得走，还要照顾我们，我说不行，你得赶紧回去，我走我们的，见我们生气了，他才回去，第二天我们找到了部队……就这么分开了，分开了一直找不到。”

45 年在人的一生中可谓漫长，这 45 年，英雄葛振林一直没有忘记当年在狼牙山援救过自己的那位“穿便衣的年轻人”。无论在炮火连天的战场，还是在紧张的训练当中，他都一直通过各种渠道，想方设法打听救命“恩人”的下落。

和葛振林一样，余药夫也从来没有忘记过几十年前的那个夜晚。从那时起，他就和狼牙山五壮士结下了终身难解的情结。他认为，认识两位英雄，是自己的荣幸。作为救护者和知情人，自己应该为弘扬五壮士的精神尽一份责任。几十年中，他的工作岗位多次变换，转战南北，但无论在什么岗位，身处顺境还是逆境，无论是担任什么职务，他从未忘记过自己肩上的那份使命。

他利用工作的空闲和自己的休息时间，收集和研究了大量有关“狼牙山五壮士”的史料，并十余次带着孩子重上狼牙山，凭吊战斗遗址。他应邀到部队和一些中小学校，给大家讲述“狼牙山五壮士”的故事，还为报刊撰写了大量关于“狼牙山五壮士”的纪念文章。他还拖着有病的身体，奔波于湖南、河南、河北、北京等地，先后走访了宋学义的夫人李桂荣，到马宝玉和葛振林的家乡采访，协助确认了胡德林、胡福才的祖籍，专门拜访了杨成武将军。他寻觅着英雄足迹，采写了大量的回忆文章，与人合作自费出版了《狼牙山五壮士赞歌》、《狼牙山万世颂英雄》、《壮士葛振林》等文集。即使在十年动乱中，余药夫身处逆境，也痴心不改，仍然写信给在北京读书的儿子，让他专程上狼牙山，把“五壮士纪念碑”碑文抄下来寄给自己。这是对英雄的执著，对英雄的崇敬。

在葛振林到易县的前一天9月23日下午，余药夫的一位在狼牙山共同战斗过的同乡战友突然造访，给他带来一个振奋人心的消息：9月25日将在易县东西水村举行“狼牙山五勇士纪念塔”重建落成典礼，五壮士唯一还健在的葛振林也来参加。真是天大的喜讯，血，一下子涌到这位65岁老人的脸上。余药夫显然很激动，往事在这位老人的脑海里一一涌现。

1941年9月，狼牙山上他和葛振林、宋学义在棋盘陀分手后，余药夫当时在易县继续做地方工作，与葛振林失去了联系。直到1981年5月，余药夫才从报纸上得知葛振林的消息，试着给葛振林写信，两人开始通信。说明了当年救援的情景，余药夫很快就收到了葛振林的回信，并表达了想与救命“恩人”见面的愿望。

1986年9月24日下午，河北易县一座竣工不久的新宾馆里，在前来参加“狼牙山五勇士纪念塔”建塔落成典礼的葛振林居住的105房间，余药夫和葛振林的手终于紧紧地握在了一起，葛振林激动地说：

“对！对！就是你啊！”

葛振林和余药夫一同登上了狼牙山。余药夫指着那条羊肠小道问葛老：

“你还记得吗？我送你下山就是沿着这条小路下去的……”

“啊……是的，是的……就是这条路!”两人一拍即“合”，且越谈越兴奋，往事历历在目，此情此景，葛振林激动万分。失散四十五年的“恩人”终于在故地狼牙山相聚在一起！两人展开双臂，情不自禁地拥抱在一起，任热泪长流。这是用鲜血和生命结下的友谊，人间真情!

后来，余药夫不断给葛老写信，并将狼牙山的情景编成了一本厚厚的书。

如今，余药夫也离休了。十多年来，他们相互跨省探望了八次，一起回忆狼牙山战斗中牺牲的战友，一起谈论易县的改革开放，每次相见，两人都有说不完的话、议不完的事。即使不在一起，也经常书信往来，两颗相互挂念的心又重新紧紧地贴在了一起。

1986年9月25日上午，重建“狼牙山五勇士纪念塔”落成典礼仪式的会场，就设在东西水村后的一个山头上。在热烈的掌声中，英雄葛振林发言了，他在回顾了四十五年前血战狼牙山，舍身跳崖的经过后，郑重宣布了一条45年前的战地新闻。他说：

“当时，全班五人跳崖后，我头部被摔成重伤，腿也摔伤了，昏了过去。苏醒后，我和宋学义忍着伤痛向上爬。我多次提到的一个地方干部，他救了我们，过去记不清他叫什么名字了，现在知道了，他叫余药夫，住在石家庄，今天他也来了!”

顿时，全场轰动，爆发出雷鸣般的掌声。

听到葛振林的讲话，泪水模糊了余药夫的双眼。两双大手紧紧握在一起。他们深情地望着对方，寻找着战争岁月留下的痕迹。分手时，葛振林戴上老花镜，在余药夫的笔记本上，一笔一画地写下了珍贵的留言：

“在45年前9月25日，狼牙山的顶峰上，你救援我们，今日又见面。留念。1986 年 9 月 27 日。”

2000 年 8 月，葛振林病得很重，医院下了病危通知，他对身边的人说：“许多战友早就不在了，我活了这么多年，满足了。我的救命恩人年岁也大了，我希望再能见到他一面，把恩人永远记在心里。”说到这里，泪水涌了出来。

葛老又说：“见面的希望是少了，有生之年唱首歌给恩人听吧。”说完，就断断续续地唱起了“没有共产党，就没有新中国……”

两位老人情同手足，不时隔省探望。2002 年，当二位老人再次相聚时，葛振林写下了“狼牙老马，八会雁湘，鱼水真情，地久天长”的话语，以此赠送余药夫，两人不禁热泪盈眶。

葛老虽然生活在湖南衡阳，却时常挂念北方的狼牙山和那里的战友与亲人。在应邀回狼牙山参加五壮士纪念塔落成仪式的时日里，曲阳县人武部的崔永德（现任曲阳人武部政委）陪了英雄一个多礼拜。第一天，69 岁的葛老坚持要到山上看看，走到半山腰便没了体力，他手指远处的棋盘陀主峰，半晌说不出话来，眼睛湿润了。第二天，老人拉着崔永德走遍了狼牙山附近的村庄。“最后他摇了摇头。”崔永德说，老人一边了解乡亲们的生活，一边打听另外三名烈士家属的消息。葛老常说：“我文化浅，但我要克服这些困难。几十年来，一直激励我的是狼牙山崖下牺牲的战友……”

对当年的另一位幸存者宋学义，葛振林也念念不忘。葛老曾去河南看过这位同生死，共患难的兄弟，宋学义也来过衡阳两次，葛老夫人王贵柱说：“宋学义的腰不好，走路很慢，要摸着墙走。”

宋学义 1971 年辞世，2004 年，余药夫老人也走了。葛老无比地悲痛，常常为思念亲人而忧伤，一个人默默地垂泪。

“我已经替老班长他们活了 60 多年，但还想替药夫和学义再多活两年，最想替战友们见证抗战胜利 60 周年。”葛老曾向子女们这样诉说。

英雄本色

隐功十余年

1947年6月，当宋学义听说家乡河南沁阳解放的消息后，经当地政府批准，带着共产党员介绍信和革命伤残军人证明书，和怀孕的妻子一起长途跋涉40多天，回到老家河南省沁阳县王曲乡北孔村。

回到家里，呈现在他们面前的却是一片悲惨凄凉的景象。

当时，沁阳县城解放还不到两个月，宋学义见到家里的亲人后才知道：在他参军后不久，为了活命，父亲带着全家外出逃荒，哥哥在大同煤矿做工被砸死了；婶母和堂弟相继死于日本侵略军的刺刀之下；两个妹妹，先后被迫卖给人家做童养媳。

一年后，父母因贫困交加离开了人世。很多乡亲邻居被鬼子杀害，宋学义家的房屋也被烧毁，院里的蒿草有半人高。

家里的遭遇，亲人的不幸，使他泣不成声，哭了好一阵，村长说："学义，别难过，还有大家伙儿呢！"可当村长叫来了人要帮他修建房子时，他却无论如何不让修。他说：“这是日本鬼子的罪证，怎能随意消去？再说，现在解放战争打得正紧，哪有心思先顾自己呢。”

就这样，宋学义找了些从破庙拆下来的残砖旧瓦，凑合着盖了两间房子，并说：这就很好，能挡风遮雨就行了。

北孔村推选宋学义当了农会主席，不久，沁阳县开始了反奸反霸斗争和减租减息、土地改革工作，宋学义积极投入到繁忙的工作当中，从来不提当年的英雄业绩和英勇行为。他带领乡亲们坚决响应党的号召，开展土地改革运动，他把斗争果实：土地、房屋、钱财、衣物等分给穷苦的父老乡亲，可他严格要求自己，坚持不给自己分房分钱分贵重物品。

从此以后，宋学义只字不提跳崖的事情，和他同劳动的乡亲们也不晓得此事，只知道老宋是个吃苦耐劳的农会主席，家里很穷，干活任劳任怨。他领着大伙打土豪、分田地，挖沟修渠，改良土壤，为北孔村的建设出了不少力。家里孩子们多，生活极其艰难，往往是吃了上顿没下顿，一家几口只盖一床破被子。但老宋没有叫过一声苦，没有伸手向国家要过一斤救济粮。

以至以后几年，村里的老老少少，都认为他是个共产党员，一名公道正派的残疾老八路，谁也不知道他就是赫赫有名的抗日英雄，狼牙山五壮士幸存者之一。

有一次，他上学的儿子宋大保在语文课本上学习《狼牙山五壮士》一文，发现有个战士叫宋学义，和父亲同名同姓，就回家问父亲：“爸爸，你是课本上写的那个宋学义吗？”

宋学义摇摇头说：“咋会呢？不是，不是。”

宋大保在以后很长的时间里，再没有将沉默寡言的父亲同惊天动地的英雄联系在一起。居功不言的宋学义就这样隐功十余年未曾开口，直至 1951 年党组织在河北查找宋学义，一直追查到河南沁阳县时，宋学义的英勇事迹才为人所知。

寻找英雄

1951 年，党组织在河北查找英雄宋学义，一直查到了河南省沁阳县。为了尽快找到宋学义的下落，查找英雄的任务就交给了沁阳县民政局。

一天，县长李华馨刚参加完华北局县长会，就马不停蹄回到县里，会议安排一个重要内容：寻找在战争年代英勇杀敌，作出过突出贡献，后来又返乡，与原部队失去联系的战斗英雄，为明年在首都召开的全国老军人、老烈属和残疾军人代表大会做准备。

李县长匆匆忙忙叫来了县民政局的张贺兆同志：

“小张，县里交给你一个重要任务，寻找英雄人物。”然后又郑重其事地说：“根据上机提供的线索，闻名中外的狼牙山五壮士之一宋学义就是我们沁阳人，一定要在最短的时间内把壮士找到。”

接受任务后，张贺兆一阵欢喜，狼牙山五壮士的故事他在读小学时，老师就给他们讲过，五壮士那英勇杀敌、视死如归的英雄主义精神，激励着千万人。“想不到其中的宋学义壮士就是我们沁阳人，更想不到领导把寻访壮士的重任交给了我。”张兆贺心潮澎湃，不能自已。

后来，担任中共河南省新乡地委副书记的张贺兆同志这样回忆道：

经过一段时间的紧张工作，终于在残疾军人花名册中发现了宋学义的名字。

花名册中显示，宋学义家住在王曲乡北孔村。北孔村离县城十余里，为了弄清楚这个宋学义是不是上级要求寻找的狼牙山壮士，我与另外一位同志，以重新进行残疾军人登记为名，步行一个多小时，赶到了北孔村。

一进村，我们就碰到一位憨厚的农民。他听说我们找宋学义，就高兴地说："宋学义是我们村的农会主席，我领你们去！"他一边走一边说："宋学义回来这几年，工作勤勤恳恳，任劳任怨，谁家有困难，他都主动登门帮助解决。他的残疾金，大部分都救济了我们村的困难户，弄得他家的生活比全村最困难的人家还紧张。要说他是一般的残疾军人，哪来这么好的高贵品质?"

这位农民的一番话，使我产生了许多疑问，我想，许多人都常常津津乐道于自己"过五关斩六将"，他怎么会对本村人也不透露一点儿功劳，难道他不是我们要找的宋学义？要说不是，可他的所作所为又使我隐隐约约感到，他是一个不一般的残疾军人。

说着，我们来到村中间路南的一户农家门前，那农民抬手一指，说："这就是宋学义的家！"

这是一座凹字形的街房，街门中开，院子空敞，没墙没栅。再仔细看，屋墙斑驳，雨痕道道。难道这就是壮士的家!?

张贺兆正想着，忽听那位农民大声喊道："学义哥！县政府派人来看你啦！"

"学义去工地了！"随着回答声，一个操河北口音的年轻妇女从屋里走了出来。她怀里抱着一个不满周岁的孩子，身上穿着补丁摞补丁的夹衣。衣着虽然朴素，却丝毫掩盖不住她的端庄、秀丽。

那位农民忙介绍说："这就是学义嫂李桂荣。你们稍等，我去把学义哥叫来。"

李桂荣很好客，热情地邀请客人："屋里坐吧，外面太冷！"

张贺兆二人进到屋里，环顾四周，屋内简陋得令人吃惊：墙壁上的白灰几乎剥脱殆尽，一道道雨痕从屋檐直垂到墙脚下。屋的正当中摆放着一张只有三条腿的八仙桌，桌前是两只小矮凳。靠屋的西墙根堆着一些玉米棒子。东山墙下放着一张破旧的木床，床上是一条多处露着棉花的被子。屋门后支着一个黄土垒的锅台，李桂荣慌忙生火烧开水。

看着这一切，作为民政干部的张贺兆二人不禁产生了怜悯之心，忍不住问："嫂子，你们土改没分到胜利果实？"

李桂荣坦然地说："怎么没分？好房好家具啥都有。可学义不让要，说咱是共产党员、农会干部，应该吃苦在前，享受在后，好东西要让给更困难的人家。要不是我狠心要下那张床，如今我们一家五口还睡着潮湿的地铺呢！我跟学义说咱不要好房，你不能抽空把咱的房子拾掇一下？他却说，现在刚解放，百废待兴，生产搞上去了，大家都富裕了，还怕咱们没好日子过？"

听着这感人的话语，张贺兆眼睛一亮，闪过一个念头：他肯定就是我们要寻找的狼牙山壮士。

正在这时，那位农民陪着一个30多岁，满身泥巴的人走了进来。这人个头不高，却敦敦实实；两眼稍斜，而炯炯有神；光头、夹衣，单裤，穿着一双露了脚趾头的鞋子，手里拿着一根竹管旱烟袋，拦腰扎一根草绳。这身打扮，使他本来就已佝偻的身躯显得更有些驼了。看着这一切，张贺兆二人怎么也无法将他与想象中的那位叱咤风云的狼牙山五壮士的高大形象联系起来。

宋学义很热情。他执意要客人坐在凳子上，他自己却坐在门槛上。李桂荣端上开水，抱着孩子坐在床上，他们以闲聊的口气开始了交谈……

张贺兆想着当年的情景，感慨万千，又禁不住打开了回忆的闸门——

宋学义爽快地说："你们有什么事就直说吧！"

我说："现在全县正在搞残疾退伍军人登记，需要谈谈你的简历。"宋学义笑笑说："那好，要谈什么，你们问吧！"

"你是什么时候参军的？"

"1939 年参军的。"

"哪个部队的？"

"开始是沁河支队，1940 年初整编到杨成武部队。"

我顺着这个思路问下去，他也有问必答，诸如他参军后的部队生活、活动范围、训练作战情况……都谈得一清二楚。我正想往狼牙山战斗上引，宋学义好像觉察到什么却有意往别处岔，不往正题上谈。正在为难之际，有人来唤，说挖河工地出了事，要学义去处理，宋学义就趁机站起来，抱歉地说："你们稍等，我去去就来。"

我俩无可奈何地点点头。

没想到宋学义走后，李桂荣笑着说："我看出来了，我知道你们来干什么了。"

"噢？"我吃惊地看着李桂荣，"那你说说看。"

李桂荣说："你们拐弯抹角，不就是想谈狼牙山战斗吗？我告诉你吧，他是不会说的。我们 1947 年回来时，他就三番五次对我说，咱可是宁受千般苦，不表一分功。现在日本投降不久，解放战争打得正紧，咱们积极搞好生产，支援前线，在军队上的功劳一个字都不许提！"

我心头一惊，失望地说："说实在话，我们就是为寻找壮士而来的。中央非常关心壮士的下落，要全国各地一定得找到！你们不说，我们怎样向上级汇报？"

听我这么一说，李桂荣的眼睛忽闪着光彩，说："你们是政府派来的，我就照实说吧！他就是在狼牙山跳崖负伤的。我是河北易县狼牙山下北管头村的。他跳崖后，腰摔伤了，眼也扎伤了，不能打仗了，就转业到我们村，区上为了照顾他，让我和他结婚。我也是仰慕他的英雄品质才答应的！”

噢，是这样呀！我心中的疑团都解开了。顿时，这位朴实农民的形象在我的心中高大起来：在日本帝国主义入侵，中华民族处于生死存亡的紧急关头，他浴血奋战，迎着敌人的炮火冲了上去；弹尽援绝后，他毅然跳下万丈深崖；胜利了，人民当家作主了，他却不邀功，不骄傲，默默在农村，为建设祖国，为改变家乡面貌而出力流汗。他献出了自己的一切，对国家却一无所求……

“给，这就是狼牙山战斗下来老宋领的奖章！”我的思绪被李桂荣的话拉了回来，接过她递给我的一个红绸包，抖了一层又一层，最后露出一枚金灿灿的五角星奖章。

我双手捧着，仔细地端详：这是一枚铜质奖章。正面中央横排“坚决顽强”四个大字，下边是“1941”、“晋察冀军区政治部赠”两行小字，字里行间是勇士与恶狼搏斗的背景图案。我抚摩着，欣赏着。

“谁叫你把这东西拿出来的？真不懂事！”

我吓了一跳，原来是宋学义回来了。没等我说话，李桂荣抢白道：“人家是政府派来的，你不说，就让各省各县都放下别的工作到处找你，你不怕浪费国家人力物力，我还不忍心哩！”

听了李桂荣的话，宋学义长长叹了一口气，感慨地说：“对组织什么都不该隐瞒，可我总觉得那都是自己的本分，应该做的。再说一个人把眼睛死盯着自己的成绩上，并以此为资本，向党、向人民要这要那，这个人虽然活着，他的思想早就死了。要论功劳，我们班长马宝玉和胡德林、胡福才，还有副班长葛振林，他们才是人民的功臣，才是值得赞扬的。”

我接过话茬说：“老宋呀，你的想法可是有问题呀。我们宣传狼牙山战斗故事，就是为了发扬五壮士精神，激励全国人民为建设新中国而努力奋斗，这可不是你个人的行为呀！好了，现在一切都明白了，你就讲讲你们五个人在狼牙山上是怎样牵着那么多鬼子的鼻子，把鬼子引上绝路的吧！”

英雄见到毛主席

宋学义陷入了深刻的回忆……

“那是1941年秋天，日本鬼子拼凑三四万兵力，向我晋察冀边区大‘扫荡’，他们在西线吃了大亏，又拼凑了三千五百多人，‘扫荡’狼牙山，扬言要报西线失败之仇……”

宋学义把狼牙山战斗的方方面面都讲得出神入化。诸如杨成武司令员怎么定计“调动”敌人，几万当地群众和主力部队如何转移，班长马宝玉怎样带领他们佯装主力，牵着敌人的鼻子一步一步把他们带上绝路，还有怎样火线入党，怎样跳崖，等等都讲得很详细，连他们的团、营、连、排各级首长的名字都讲得一清二楚，特别是在讲到马宝玉、胡德林和胡福才跳崖牺牲的具体情节时，竟哽咽得说不出话来。

最后，宋学义擦了擦眼泪说：“要论功劳，我们的班长马宝玉和胡德林、胡福才，还有副班长葛振林他们才是真正的民族英雄，人民功臣，学习的榜样，我自己只是做了中华儿女应该做的……”

“宋学义，信！”随着喊叫声，邮递员送来了一封挂号信。

宋学义还沉浸在对往事的回忆里，他随手接过信，瞥了一眼，递给张贺兆说：“请你给念念！”

张贺兆接过信，见是河北省易县北管头村寄来的，遂拆开念道：

“学义吾婿：中央开会，到处找不到你，前几天县里来人，让通知你赶快来一趟，切切。岳父字。×年×月。”

真是无巧不成书，在这时候来了这样一封信，不禁使张贺兆二人心里一阵狂喜，就问：“学义，有什么困难我向组织上反映帮助解决。”

“困难？有啊！”宋学义歪着头想了想，朗声回答。

“你快说说，我们一定帮助解决！”

没想到他却说：“能不能让县里的水利技术员来一下，我们村土地盐碱严重，不旱就涝，十年九不收，前几年挖了利涝河，但定的河道不规矩，涝时洪水还是排不出去……”

张贺兆着急地打断他的话，说：“我们回去就让水利技术员来。可你家生活就没有困难吗？眼看到冬天了，一家人还穿着破单衣……”

“我家生活有什么困难？说到冬天穿单衣，我们村多着呢！他们家的生活比我还困难呢！我好歹每月还有残疾金，比群众好多了。再说，我是共产党员，应该吃苦在前，享受在后。眼下国家有那么多事要办，我不能再给国家添麻烦！”宋学义回答得很干脆。

宋学义的女儿宋玉梅长得最像父亲，她也从未亲耳听过父母亲讲那段妇孺皆知的历史。后来宋玉梅非常感触地说：

“父亲常年忙工作，很少过问家里事。我们兄弟姐妹八人全由母亲一手带大。关于狼牙山五壮士的事迹，最初只是从周围人的只言片语中有些印象，具体细节还是上学后从课本中知道的。父亲就是这么一个人，不好张扬，但平易近人。后来经常有人称赞父亲抗日跳崖的壮举，他总说：‘换了是你，你也会往下跳的！’受父亲的影响，我们兄妹中的六人都参了军，有的还上了前线。”

张贺兆二人匆匆返回县里后，当天下午就向李县长作了汇报。

第二天，县政府在王曲乡北孔村召开了慰问、庆功大会。

张贺兆从此之后，与宋学义结下了深厚的友谊，“可以说是二十年如一日亲密无间。”他后任中共河南省沁阳县委第一书记、中共河南省新乡地委副书记，与宋学义的关系一直没有间断过。

1959年11月，宋学义光荣出席了全国烈属、军属、残废军人和复员退伍军人积极分子代表大会。这天晚上，听说第二天毛主席要在中南海接见全体代表，并和代表们合影留念。宋学义兴奋得一夜未合眼，他想了很多很多，一个讨饭的叫花子，受剥削受压迫的农民，今日却能到北京开会，还能见到伟大领袖毛主席，这是做梦也没有想到的啊！共产党、毛主席是我的救命恩人，没有共产党那有我宋学义！今生今世跟着党干到底了。他情不自禁地跟住在同屋的志愿军功臣、退伍后的无脚拖拉机手李来财说：

“我真是太激动了，真得感谢党和政府对我们的关怀。”他又说：“我们做什么了，竟给了我们这么大的荣誉。我想，明天见了毛主席，能不能代表咱县烈军属和荣复退伍军人向毛主席问好？”

第二天，在北京中南海怀仁堂，最幸福的时刻来到了，毛主席和刘少奇、周恩来、朱德、邓小平、陈云、彭德怀、陈毅、贺龙、罗荣桓、宋庆龄等党和国家领导人，亲切接见了与会代表。当毛主席他们步入会堂的时候，全场掌声雷动，宋学义手掌拍疼了，眼睛也被泪水模糊了。散会以后，他常常对人们说：“不知怎么了，我离毛主席只有二三尺远，可就是看不清毛主席的面容，因为当时眼泪总也抹不静……我只是在心里暗下决心，回去一定要好好干，绝不能辜负党的培养和人民的期望！”

宋学义在家乡的20多年间，他历任村党支部书记、公社党委书记、县委委员等职，还当选为沁阳县革委会委员、新乡地区革委会委员、河南省贫协委员等。但他始终保持革命的优良传统，保持英雄的本色，从不居功自傲。他一直带领群众艰苦创业，战盐碱、斗黄沙，使北孔村发生了巨大的变化，受到上级领导和群众的高度赞扬。他还先后出席了全国烈军属和残废军人积极分子大会，全国民兵英雄代表大会。

宋学义在艰苦卓绝的抗日战争中身负重伤，身体致残；又在长期的革命斗争中，忘我工作，积劳成疾，患了严重的肝病。沁阳县人民武装部派人专程将他护送到郑州一五三医院住院治疗。1971 年6 月 26 日，宋学义病情恶化，在郑州与世长辞，终年 53 岁。遗体安葬在“沁阳烈士陵园”。

宋学义一生忠于党，忠于人民，用鲜血和生命书写了光辉的历史。1979 年 6 月 23 日，河南省革命委员会授予他“革命烈士”称号。

宋学义跳崖绝路逢生，又走过了短短三十年的路程，不居功自傲。他拖着残疾的身体，艰苦奋斗，奋勇拼搏，英雄气概不减当年，又创造出不可磨灭的英雄业绩，令人们敬仰，让人们永远怀念。

宋学义的儿子宋福宝这样评价他的英雄父亲：

“父亲沉默寡言，一辈子不图享受，朴实坚韧，在我的心目中，父亲的形象，比他本人更高大!”

英雄情怀

葛振林的家位于衡阳市警备区旁边黄茶岭的一个四合院内，葛老去世后，记者来到葛老的家中寻找英雄背后的故事。在那套仅有七八十平米的房子里，葛老的老伴王贵柱老人正站在葛老的遗像前止不住地流泪。老英雄革命一生却安守清贫，在大儿媳妇于小玲的带领下记者来到葛老的书房，这是一间仅六七平方米、极其简朴的房间，房内除了一张书桌和一把陈旧的椅子外，只有一个 20 世纪

60 年代的书柜，书柜里整齐地陈列着马列主义文集和部队思想教育丛书。墙壁的正中央，一块由湖南省老龄委于 1994 年颁发的“革命老人”红匾格外引人注目。

于小玲将葛老书桌上一本打开的《部队“三讲”教育读本》合上，眼泪滴到了书上，她向记者透露：“我公公经常教育我们是党培养了我们，任何时候都不能做对不起共产党的事情。他从来不为子女的就业找关系，总是教育我们，要凭自己的真本事找工作。谁要是提出要他找关系进好单位，就得挨骂。我儿子在部队考军校，没有利用爷爷的一点关系，直到军校毕业之后，很多同学都不知道他是老英雄葛振林的孙子。”

据了解，葛老有四个儿子，一个儿子在广州军区某部当兵，三个儿子在工厂当工人，因厂里效益不好长期在家待业，但葛老从不向组织提要求把孩子调到收入有保障的事业单位去。

七十五岁的王贵柱老人始终站在葛老的遗像前，擦拭着眼泪。王贵柱老人说：“他是老英雄，是老革命，但他从来没用这个名分为自己考虑过，我们 1957 年就南下到了衡阳，近 50 年了，我们一直都过着比较清贫的日子。”

当王老讲到这里时，记者环视了一下房内，的确没有一件像样的家具，就连彩电都是多年前的老式样。王老还透露，葛老平时最大的爱好就是用放大镜看报纸，听广播里的新闻，时时关心着国家的大事，关怀着地方的建设，这让人们进一步了解了葛老的情怀：英雄虽已年迈，仍然心系天下。

葛老离休后把最大的精力放在了关心青少年一代的成长上，他担任着衡阳市“关心下一代工作委员会”的副会长和衡阳市几十所中小学、工厂的义务校外辅导员，给孩子们讲传统，讲英雄的故事……一场又一场的报告，打动了一个又一个孩子的心。据统计，仅

1987年到1994年，葛振林就为“红领巾”们作了68场报告，直接听众两万余人次。

葛老最关心的还是中小学生，他那颗英雄的爱心时刻温暖着孩子们，并与孩子们结下了深厚的友谊。有一个中学老师十分感佩地说：“葛老讲到哪儿哪儿的课就好上多了！”

衡阳雁峰区六一实验小学原校长谢慧兰同志回忆，葛老很少向学生回忆狼牙山那一幕，而是讲更多的战斗故事，每次都叮嘱孩子们：“要珍惜现在的好条件，好好学习，祖国的江山打得多不容易啊！”老战友宋文坤也说，葛老最不喜欢战友们提狼牙山跳崖的事，他总会很激动地说：“咱们都是八路，那个时候，你们还不知道吗？换了你们，你们就不会跳吗？”

葛振林人老了，却繁忙得很，不是在这儿作报告，就是在那儿开会。于是便有人好奇地问他：“葛老，你作报告有报酬吗？”

他答：“义务作报告——没钱。”

确实，葛老把钱看得很淡，把爱和义务的作用看得很重，他常用自己火热的情感去帮助人，温暖人，献上一片爱心。实际上，捐款也是葛老一项重要的开支，王贵柱老人说，不管那里发生了灾害，他总是第一个捐款。

衡南县谭子山乡一位学生家庭贫困，面临辍学，他寄去了五十元钱；唐山地震，他寄去100元钱。

衡阳市某中学的一名叫刘虹的学生说：“葛爷爷不仅是战争时期的英雄，也是帮助别人这个‘爱心部落’的英雄！”

一提起6年前的某个上午，小刘虹就感动得流泪。那天，葛老从外地作完传统报告回来，路过市六中时，发现校门口有一个小女孩正神色忧郁地向校园里张望着。

“她怎么不去上课？”军人的本能让葛老心上画了一个大问号。

11 岁的刘虹，妈妈因患血癌病刚刚去世，家里再也供不起她上学了。这位小女孩过早地品尝了人世间的悲伤，妈妈治病花去了好多的钱，还欠着不少债，连吃饭都成了困难，哪有钱上学？

可刘虹想上学，只有流着眼泪在校门口观看。

葛振林问明情况后，替小刘虹擦干泪水，把她拉回家，给她洗脸，递上好吃的糖果，做了好吃的饭菜，以关爱抚平着小刘虹心灵的创痕。葛老领着刘虹把她送回家，并与孩子的父亲谈心，临出门时，葛振林掏出身上仅有的 150 元钱，递给了孩子父亲。

刘虹的父亲感动地流下泪来，他紧紧握着葛老的手不知说什么好，然而，他怎么也想不到这位老人就是自己熟知的英雄葛振林。

葛振林就这样默默地做着这一切，默默地爱着社会。当有人问他：

“现在是商品社会，不少人都把攫取金钱视为人生幸福，而你为什么把自己并不高的收入拿出去呢？”

葛老这样答道：“很多东西是与钱无关的，我当英雄不是为了钱，同样，当官也不是为了发财。”他又说：

“党给了我很高荣誉，把我们的事迹写进课本里，我终生感到快乐。现在，我离了休，但我是在军旗和党旗下走过来的，能为遇到困难的人献上一丝情，这是很值得的！”

在老百姓与英雄朝夕相处的日子里，人们对英雄有着更深刻的理解。年逾古稀的衡阳市民王焕云说，自己是文盲，过去不知道葛振林是谁，这几天听孙儿讲这是个大英雄，跑过来一看，就相信了。

葛老是个爱说笑的老头，在黄茶岭的小院附近，大家都对他这个人有着另一种描述。

“不像个英雄，倒是个瘦瘦的干巴老头儿。”在街角摆擦鞋摊的李云说。

这位34岁的妇女来自湖北，她说自己学过《狼牙山五壮士》的课文，但葛老和她想象中的不一样，没有架子，常来问寒问暖，让她心里觉得“蛮舒服的”。“他常常会问蹬三轮的、卖菜的，家是哪里的，收入怎么样，几个娃，上学了吗?”

附近有个卖报刊杂志的老人，叫芦石安，他回忆说：“葛老头成年都是一身旧军装，戴个黄军帽。”芦石安年纪比葛老小12岁，还给葛老起过一个外号：“葛两毛”，因为街上的人都知道，葛老买东西若余几毛钱找零，总说句不要了，摆手就走。

“穷人富人，他都很能合得来。”这是老伴儿王贵柱老人说的。芦石安老人得出这样的结论：“老葛头还是更喜欢孩子，他喜欢摸孩子们的小脑袋。”

王贵柱老人还解释道：“老葛就喜欢旧军装，做了一件西服，从来没穿过。戴黄军帽是因为跳崖时碰了头，戴帽子挡挡风。”

多年来，每天早晨，黄茶岭的人们会看到这个身着旧军装的老人拄着拐杖去警备区拿报纸，一路上敲得地面“当当响”，他见了谁都会打招呼，逗会儿乐。邻居们说，可能除了打仗的时候，葛老一辈子都是笑口常开。

在衡阳，葛老送子进劳教所的故事广为流传。那是1998年10月的事了，衡阳市公安局的同志还记忆犹新。那天，葛振林拄着拐杖颤巍巍地来到衡阳市公安局，向局长递了一份申请——将吸毒成瘾、屡教不改的三子葛拥宪送去劳动教养。11月，5名刑警将葛拥宪抓获，从他身上搜出了海洛因和针管后，将其送往衡阳市劳教所劳教。当公安局的同志问他为什么要这样做时，葛老说：

“他既是我的儿子，又是一个普通公民，这样下去既害己又害别人，更会危害社会，到那时还怎么顾惜我的老脸?”

最初，葛拥宪对父亲十分不理解，哪有把自己的儿子送进劳教所的？甚至在戒毒所内破口大骂老子。后来，在管教干部耐心教育下，葛拥宪终于幡然醒悟，并协助公安部门查获了一个特大吸、贩毒团伙。1999年6月，全国禁毒图片巡回展在衡阳举办，葛老将其子吸毒劳教的照片公开展出，以此教育迷途的青少年。

这就是葛老，这就是一个英雄的情怀……

心中的丰碑

英雄魂归

2005年3月21日，并不是一个特殊的日子，就像1941年9月25日一样。

那个瞬间之后——当他与四位战友从狼牙山主峰棋盘陀一跃而下，四位战友相继远去，而命运又给了这个战士64年的时光。

据衡阳市一六九医院的医务人员介绍，葛老2005年2月出现胸闷、气促，重时伴呼吸困难和发绀。2月4日入院治疗，治疗时初步诊断为“慢阻肺、肺心病、慢性呼吸功能不全”，经对症治疗病情有所好转。

2005年3月16日下午5时30分，葛老突然呼吸困难、全身发绀、意识散失，呈昏迷状态，全身大汗淋漓，喉咙痰多为白色泡沫。医院专家紧急对其进行救治，但效果不明显。17日上午10时30分，葛老苏醒，神志清楚，能简单对答，但其病情仍很严重，随时有生命危险。鉴于葛老的病情，一六九医院紧急向武汉请求支援。武汉方面的呼吸专家赶到衡阳，连夜对葛老进行了会诊 。

2005 年 3 月 21 日 23 时，衡阳市一六九医院三内科急救室内挤满医务人员，现场一片紧张气氛。葛振林始终处于昏迷状态，他的四个儿子及其他家人始终守候在病床边。23 时 10 分，一阵“滴、滴、滴”的声音从急救室内传出：狼牙山五壮士中唯一在世的英雄——葛振林老人走完了 88 年辉煌人生的最后历程。心电图记录仪上，所有生命指征都退至零，一条平缓的直线宣告老人生命终结。医生作了最后的努力，还是没能挽留住葛老，无奈地长叹了一口气。

一位叱咤风云的英雄，就在这里静悄悄地告别人世。

葛振林病重期间，中国人民解放军总政治部、广州军区、湖南省军区的领导多次询问葛振林同志的治疗情况。衡阳市主要党政领导、衡阳警备区全体首长等也先后到医院看望慰问。解放军武汉总医院、驻衡一六九医院组织军队和地方专家尽全力进行抢救和治疗。

曾经护理过葛老的医护人员都说，“葛老是用特殊材料制成的！”老人乐观开朗，只要身体条件允许，他总是乐呵呵的。葛老吃饭很简单，只爱吃馒头、咸菜。三内科主任彭寒林说，葛老住院期间，表现得很坚强，气管被切开后，人只要在清醒状态下，会非常难受，但葛老经历了两次气管切开手术，他从没有表现出痛苦的样子。

3 月 21 日，葛振林昏迷前，在病榻上最后一次接受采访时说：“人是要有骨气的，共产党人更要有骨气！”在场的所有人员感动得流下了热泪。

衡阳军分区就葛老去世发布了讣告，讣告如下：

湖南省衡阳警备区正师职离休干部、狼牙山五壮士之一、原湖南省衡阳军分区后勤部副部长葛振林同志因病医治无效，于2005年3月21日在衡阳逝世，享年八十八岁。

向葛振林同志遗体告别仪式，定于2005年3月25日上午九时三十分在衡阳市殡仪馆举行。

葛老生前崇尚简朴，主张节俭、文明办一切事情，为遵照葛老的遗愿，葛振林同志遗体告别仪式一切从简，整个仪式仅四个程序，时间约一个半小时。

上午9时30分，全国知名抗日老英雄、狼牙山五壮士之一的葛振林遗体告别仪式在衡阳市殡仪馆举行。凄婉低沉的哀乐，回荡在空旷的大礼堂内，一束束鲜花，一幅幅挽联，一张张悲痛的脸庞泪流满面……衡阳各界两千多名群众冒着纷纷细雨，早早来到殡仪馆，向这位名震中外的抗日英雄作最后的告别。

在衡阳市殡仪馆一号大厅外，四个白色的大气球悬在空中，巨大的黑色挽联条幅在风中摆动。大厅内庄严而肃穆，正中悬挂着葛振林遗像，上面是“沉痛悼念葛振林同志”的横幅。大厅中央摆着水晶棺，葛老英雄一身戎装，安详地躺在水晶棺中，身上覆盖着中国共产党党旗，老人一脸慈祥，仿佛正在熟睡。四周松柏、鲜花簇拥。水晶棺的左边，葛振林老人的亲人静静地站立一旁，葛振林老人年迈的妻子王贵柱，一身黑色衣服，满头银发，双眼紧紧地盯着水晶棺中的老伴，在低声地哭泣。厅堂里外摆满了来自北京、广州、长沙、河北、南京、珠海等地送来的花圈。

广州军区司令部，湖南省委、省政府、省军区，河北省委、省政府、省军区送了花圈。

中共中央委员、南京军区政委雷鸣球上将，原解放军总政治部副主任史进前，聂荣臻元帅的女儿聂力中将，湖南省委副书记、常务副省长于幼军，广东省军区司令员辛荣国，某集团军军长刘粤军，湖南省委常委、长沙市委书记梅克保，湖南省军区政委李今伟，著名作家魏巍，著名电影艺术家李长华等分别送来了花圈。

葛振林老人去世的消息传开后，一天之内，衡阳市警备区葛振林同志治丧领导小组接连收到来自社会各界的唁电及慰问电话。葛老生前的老领导、老战友、“狼牙山五壮士连”全体官兵以及葛老的家乡等，对这位著名抗日英雄的逝世表示沉痛哀悼。

上午，衡阳市警备区葛振林同志治丧领导小组办公室的传真机不停运作着，一封又一封的唁电不停地发送过来。

一函头为“中国人民解放军总政治部”的唁电中，史进前以老战友的身份对葛振林不幸逝世深表哀痛，他在唁电中说：惊悉葛振林同志不幸病逝，万分悲痛。请家人节哀保重，化悲痛为力量，工作好、学习好、生活好，以告慰振林同志在天之灵。

30 分钟后，聂荣臻的女儿聂力也发来了唁电，她在唁电中高度评价了“狼牙山五壮士”的革命英雄主义气概，并说“常以五壮士的精神勉励自家亲人”。同时，她还托请湖南省军区政治部代办花篮，以寄托哀婉之情，并向葛振林同志亲属转致慰问。

此外，葛振林老家河北省曲阳县县委、县人大、县政府、县政协，河北省蔚县县委、县人大、县政府、县人民武装部及该县陈家洼乡，湖南省民政厅等单位也发来了唁电。

除了收到社会各界的唁电外，更多单位及个人纷纷致电葛振林家中，对葛老的亲属进行了慰问，并致以沉痛的哀悼。

殡仪馆外一幅幅挽联寄托着群众的哀思——

抗日狼牙山一跳成壮士，英雄事迹彪史册；

跟党干革命万险砺志士，赤胆忠心扬英名。

天地含悲，湘水呜咽，国人哀痛英雄已逝；

抗日英雄，铮铮铁骨，狼牙壮士精神永存

……

湖南省军区副司令员黄明开亲手写了一幅挽联，浓缩了葛振林的一生：

壮士震狼牙纵身一瞬成大义，

悲歌承易水神州千古颂忠魂。

葛振林于抗日战争最艰苦的时期参加八路军，先后参加了包括著名的百团大战、狼牙山战斗等战役、战斗近百次，他作风顽强，作战机智勇敢，经历了血与火的生死考验，表现了一名优秀军人的智慧与顽强。他曾六次负伤，多次立功受奖。他的一生是光辉的一生，是英雄的一生，又是不平凡的一生。他的生命划上了一个句号，但他的英名却永远载入史册，他和他战友的故事永远激励着后人。

葛老的遗体火化后，安葬在衡阳市烈士陵园。

举国悼英雄

狼牙山五壮士最后一位英雄葛振林的病逝，在华夏大地上掀起了一场民族情感的巨大波澜。《人民日报》、《解放军报》、《新民晚报》、香港《大公报》等30余家报纸刊登了葛振林逝世的消息，数以千计的作者发表文章悼念英雄，寄托哀思。无数的人们重又寻找、翻开小学课本，激情诵读《狼牙山五壮士》。

在获知老人去世的3天时间里，近5万名群众自发地赶来悼念英雄，几十万名网民在互联网上痛悼英魂。曾经感动了几代人的老英雄又一次感动了中国。

2005年3月22日，易县狼牙山五勇士陈列馆内正播放着影片《狼牙山五壮士》，突然馆方接到湖南衡阳方面的消息：葛振林老英雄于昨晚去世。正在给前来参加“保持共产党员先进性教育”的党员和参观游客讲解“五壮士”英雄事迹的讲解员顿时无语，党员和游客们也被这突如其来的消息震惊，他们和当地群众五百余人不约而同地来到广场上，面向五勇士纪念塔深深鞠躬志哀。

“托‘五壮士’的福，家家都达到了小康，我们多么希望他能够再回来看看啊……”

狼牙山景区第一个导游员李振玉在听到葛老去世的消息后，老泪纵横，他说：“1986年狼牙山纪念塔重修后，葛老在当年9月25日曾来过这里，我还和葛老相约：等他战斗过的地方老百姓的日子都达到小康水平了，请他再来。现在，我们托‘五壮士’的福，发展旅游业，家家都达到了小康，我们多希望他能再来看看啊。”

在葛老的家乡曲阳县，当地干部群众也沉浸在无比的悲痛和深情的回忆中。

得知葛老去世的消息，曲阳县党城乡喜峪村党支部书记、葛老的四弟葛振江的女婿王永哲心情特别沉痛，他说：“我是在《狼牙山五壮士》的英雄壮举熏陶下长大的，葛老每次回家乡，都为民兵和学生作革命传统教育报告，他的事迹和精神影响了家乡几代人。人们对葛老非常怀念和敬重。”

曲阳县党城乡武装部长何增军说：“上小学学《狼牙山五壮士》这篇文章时，葛老就在我心目中留下了难以磨灭的印象，因此在中学里学了魏巍的《谁是最可爱的人》后，我就想，谁是最可爱的人？我们家乡的葛振林就是最可爱的人！革命战争年代，他们冒着枪林弹雨出生入死，抛头颅、洒热血，是打天下的英雄；在和平年代里，他们关心家乡建设，同样也是英雄！葛老会永远激励着我。家乡出了葛老这样的英雄，我感到骄傲和自豪！他将永远受到人们的爱戴和尊敬。”

原易县县委宣传部干部刘振武听到葛老逝世的消息后，心情异常悲痛：“1986 年葛老回来，我和老英雄一起登了山，在纪念塔下葛老还作了一场传统教育报告。临走时他还语重心长地说，革命战争年代狼牙山的老百姓为党的事业作出了巨大贡献，我们不能忘了他们，我们做共产党员的一定要帮他们富起来。”

狼牙山五壮士是易县的骄傲，易县人一提到狼牙山五壮士就有一种崇敬感、幸福感。他们以五壮士为荣，以狼牙山为荣，不少人为宣传“狼牙山五壮士”四处奔走，执著一生。

在狼牙山下、易水河畔有着一位热情宣传爱国主义和革命英雄主义精神、关心教育下一代的义务宣传员，他就是易县退休干部、原在县委党史办工作的郅维清。老郅 1993 年退休后，怀着对英雄对家乡的一腔热爱，投入向青少年宣传光荣传统的活动中。他骑着自行车走遍全县，主动到部队、学校、厂矿、机关，为青少年，为京、津、保等外地来易县接受爱国主义和革命传统教育的人们义务宣传易县革命老区的光荣历史，讲狼牙山五壮士、黄土岭战役大捷等悲壮的抗日英模事迹。炎炎夏日，萧萧寒冬，在街头、在汽车上、在德育基地、在巍巍的五壮士英雄纪念碑下，都能看到老郅手持电磁喇叭在作慷慨陈词的演讲。他还应邀四次赴北京为清华附中、北京联合大学等单位作专场报告，先后作报告 200 多场，青少年听众达 10 余万人次。郅维清被北京、保定、易县 30 余所大、中学校聘为德育顾问、校外辅导员。

郅维清已过了古稀之年，却把全部精力倾注到宣传爱国主义思想和革命传统上来。为了能宣传好革命传统，他翻阅了大量资料，还专程到北京卢沟桥中国人民抗日纪念馆进行了学习。

易县是革命老区，又有清西陵、荆轲塔、狼牙山等名胜古迹，来此参观的人很多，到这里接受革命传统教育的单位更是不少，他们经常慕名找到郅维清，听他讲革命传统，每次郅维清都是欣然接受。不论是在室内还是在行进的车上，他都认真讲解。

在2004年12月毛泽东诞辰110周年之际，易县的一个乡中学邀请他去给学生们作报告。但学校条件差，没有汽车接送。郅维清早晨6时多就骑自行车出发了，冒着严寒赶到20多公里外的学校，到学校后也顾不上休息，喝了口水就开始讲革命传统。作完报告后，学生们报以热烈的掌声，学校领导紧紧握住他的手表示感谢。他却说："这不算什么，当年八路军在山里打日本鬼子时可比我艰苦多了！"后来，有人给他做了个统计，仅在纪念毛泽东诞辰110周年时，他就给13所中小学、9500多名师生做了十五场报告。郅维清还接受了北京联合大学、清华附中等三十多所学校的邀请。当惊闻"狼牙山五壮士"幸存者葛振林去世的消息，郅维清十分悲痛地说：

"葛老虽然走了，但他和战友留下的英雄事迹，我将继续宣讲下去。"

葛老虽长期身居异乡，却时刻挂念着家乡父老。1989年葛老回到老家，省委领导曾亲切"动员"他将户口迁回，在老家颐养天年，这一关爱的举动使葛老动摇了，但由于很多客观原因一直未能如愿。1993年至1995年葛老连续三年回乡探亲，后来由于身体原因再也没有回来。

2001年，葛老给中共曲阳县委写了一封情真意切的信：

"敬爱的曲阳县委、曲阳县人民政府全体同志们，亲爱的曲阳父老乡亲们，我很是想你们，想看看曲阳的嘉山，想喝口沙河的水……”

2002年7月31日，曲阳县领导去湖南衡阳看望葛老时，葛老见到家乡人特别高兴，并忆起聂荣臻元帅的话“在那艰苦的抗战年代，吃着曲阳的枣子，喝着曲阳的水打仗，什么时候也不能忘记曲阳人民呀！”据葛老家人介绍，虽然葛老曾经到烈士陵园挑选墓地，但他的愿望还是“百年”之后能把骨灰埋葬到生他养他的曲阳老家。

曲阳县委决定在县城新建成的雕刻广场竖立葛老雕像，教育全县人民不忘葛老光荣的革命史，继承英雄遗志，发扬英雄精神。同时向葛老夫人王贵柱老人转述全县53万人民的心愿，把葛老部分骨灰带回曲阳，安葬在烈士陵园，建成爱国主义教育基地。

英雄永远活在人民心中

“巍巍燕山高，潇潇易水寒；英雄五壮士，威震狼牙山……”

这是广州军区某部“红一团”七连的官兵最喜爱唱的歌曲，60多年过去了，这首《狼牙山五壮士歌》的连歌，依然那么雄壮豪迈。走进驻守在汕头特区的英雄连队，一尊栩栩如生的“狼牙山五壮士”雕像将人们带入了那战火纷飞的岁月。

在葛振林老人题写馆名的连史馆里，记者从琳琅满目的奖旗奖匾上感受到“狼牙山五壮士”新一代传人的辉煌：这支当年被八路军总部授予“狼牙山五壮士连”荣誉称号的英雄七连，近十年来，连续九年被集团军评为“基层建设标兵连”，1999年被广州军区授予“全面建设模范连”称号，连队先后三次荣立集体三等功，两次荣立集体二等功。

更值得一提的是，官兵们在团以上的比武竞赛中先后夺得金牌268枚，享有“金牌连队”之称。为奖励功臣，激励后人，连队还让每个“金牌得主”在营区的后园种上一棵“金牌树”，并在树上系上一块刻有名字的小铝牌。如今，郁郁葱葱的“金牌林”成了特区军民争先创优、学英雄做英雄的“活教材”。

以狼牙山五壮士之一的名字命名的学校——宋学义中学，暑假中在宋学义故乡河南省沁阳市建成。同时，宋学义塑像也在学校落成。为加强对青少年的爱国主义教育，沁阳市决定成立宋学义中学。新建成的宋学义中学距宋学义故居两千米，占地近百亩，教育教学条件堪称一流。宋学义中学、宋学义故居和沁阳市烈士陵园已成为当地爱国主义教育基地。

一名大三学生在看了《狼牙山壮士宋学义》后写道：

“我深深地被他们的英雄气概所感动。他们宁死也不投降，用行动表达了对祖国的热爱。我也要向他们学习，学习他们为了祖国奋勇献身的爱国主义精神。对我来说现在努力学习知识，以后为祖国的建设做贡献就是最真的爱国。”

在英雄马宝玉的家乡蔚县，60余年来，乡亲们没有忘记“壶流骄子”马宝玉，并以不同的方式纪念着他。

陈家洼乡下元皂村，距县城20余公里。下元皂村坐落在壶流河畔下游。壶流河水养育了这里的村民，由于上游建起壶流河水库，如今留下的是一条干涸的河床。马宝玉被人们称为从这里走上抗日道路的壶流骄子。

远眺下元皂村口，旁边的土崖上巍然屹立着一座雕像。到村口后，沿着单砖铺就的阶梯，拾级而上，来到崖顶，灰砖垒成的“长城”沿着山体蜿蜒伸向远方。“长城”围着一块平坦的坡地，中央矗立着抗日英雄马宝玉的雕像,烈士碑上写着:“马宝玉烈士永垂不朽”。

从村口沿着一道狭长的土沟前行200米左右，是下元皂村委会大院。在村委会院后，有块菜地，村支书马有仁说，这里就是马宝玉家的旧址。1920年马宝玉就出生在这里。

离菜地不远处，是下元皂小学。在学校陈列室的墙壁上，贴满了狼牙山五壮士抗击日寇的图片和各种题词：

狼牙山涧成壮志，威震敌胆；
易水河源舒正义，万世流芳。

这一切会把人们带到烽火连天的“狼牙山反扫荡”战斗的回忆中。

历史不会忘记他们，人民不会忘记他们。自1989年以来，蔚县县委、县政府开展了“纪念马宝玉烈士，学习马宝玉精神”为主题的系列活动，先后命名了“蔚县马宝玉小学”、“马宝玉中队”，并为马宝玉烈士塑像（目前在蔚县境内有三座马宝玉烈士雕像），出版了《狼牙壮士马宝玉》一书。

据蔚县马宝玉小学校长张春义介绍，每年新生入学，学校都要开展学习马宝玉活动，“以宝玉精神，办宝玉学校”。

他说，马宝玉是蔚县人民的骄傲，更是张垣大地的骄傲，如同“沂蒙精神”同山东人那样，“马宝玉精神 ”应该成为张垣人民的宝贵精神财富。马宝玉和他的战友用生命和鲜血铸就了一座永远的历史丰碑，在中国人民抗战史上谱写了一曲气贯长虹的英雄赞歌。

著名诗人桑原于纪念中国抗日战争暨世界反法西斯战争胜利60周年之际，创作了叙事长诗《蔚州魂 · 狼牙壮士马宝玉》。长诗由序歌、苦难的少年、参军、夜袭管头、夺枪记、血战狼牙、跳崖、尾声八章组成，洋洋2300余行，记录了马宝玉烈士短暂而光辉的一生，热情讴歌了民族英雄、爱国主义、革命英雄主义精神。在长诗首发式及作品讨论会上，与会专家认为：这部长诗立意新颖、格调昂扬、意境高雅、动人心弦，唱响了时代主旋律。是中国人民抗击外来侵略者作出民族牺牲的一座历史碑记；五壮士英勇跳崖、气壮山河的事迹，已化作中华民族面临外辱宁折不弯的精神写照。

尾声　魂牵梦绕狼牙山

狼牙山是人们心中的山！狼牙山因为五壮士的纵身一跳而成为一个神示，一个象征。

电影《狼牙山五壮士》描绘的八路军五位战士与日本侵略者奋战到弹尽援绝时，宁可跳崖粉身碎骨，也不作俘虏的英雄壮举永远定格在人们的心里。高大雄伟的“狼牙山五勇士纪念塔”耸立于棋盘陀之巅，成为历史永恒的风景。在此不远的绝壁上，竖立着五勇士视死如归、舍身跳崖的纪念碑，远远望去，犹如一把熠熠闪光的利剑，直刺蓝天。

半个多世纪以来，千千万万爱好和平的人们登上狼牙山，瞻仰五勇士纪念塔，凭吊先烈英灵，这里成了著名的爱国主义教育基地。

狼牙山也因了五壮士的英名增加了新的内涵。狼牙山美丽壮观的雄姿和庄严威武的五勇士纪念塔、纪念馆相得益彰，加之狼牙山秀丽的风景，天然的景观，丰富的自然资源，使其成为集爱国主义教育、山岳、溶洞、森林观光为一体的旅游胜地。就让我们沿着英雄的指引去感受、领略这座“英雄山”超然而神奇的魅力吧！

雨后的狼牙山氤氲缭绕，慕名的人们拾级而上。离山顶数十米之遥，转了几个弯，陡然耸立云霄的五勇士纪念塔豁然出现在眼前。茫茫云雾间，浮雕中的五壮士似乎活了，重演着半个多世纪前那惨烈的一幕……狼牙山下的北娄山烈士陵园，绿树成荫，五壮士中的马宝玉、胡德林、胡福才，便长眠于这苍松翠柏间。

穿过五勇士纪念馆，沿崎岖的山路缓缓而上，天然林、人工林，漫山遍野。林木和植被给狼牙山穿上了随季节变化的锦衣，狼牙山现为省级森林公园，丰富的动植物资源、美丽的自然和人文景观为游人提供了良好的生态环境。那高高耸立的乳白色纪念塔，为狼牙山增添了一道亮丽的风景线，在碧绿色背景映衬下，更显得巍峨壮观。登狼牙山，不仅使游人拜谒逝去的英魂，还可领略这大自然奇绝的风光之美。

上山的第一个景点便是红玛瑙溶洞，因其溶洞内有神奇的红玛瑙石而得名。溶洞原名叫“天井”，相传是王禅老祖打坐参禅的洞天福地。其洞共有五层，第一层为30多米的竖井，第二层中有石笋、石柱、石幔等钟乳石，造型奇特，有的如仙女下凡，有的如八仙贺寿，有的如观音打坐，有的状如花瓶，五彩缤纷，栩栩如生，加之开发后配以美妙的灯光色彩，进的此洞，犹如置身于仙境一般。由于洞内常年恒温，更使游人流连忘返。

第三四层均为乳白色和琥珀色钟乳石，其造型千姿百态，妙趣横生。洞内还有一处海马化石，年代尚未考证，神态十分逼真。最为奇特的是第三层中有16棱柱形乳白色钟乳石，上有盖帽，下有底座，非常酷似现在的五勇士纪念塔，这难道是英雄精神震撼了天地？才有了神与型的体现、情与景的交融？真是妙不可言。

出溶洞不远，便显出一条奇险的风景，行人要沿2900级台阶拾阶而上，这便是“登天梯”了。接下去是“袖筒沟”、“阎王鼻子”、“小鬼儿脸”。

“袖筒沟”是一条狭长的山谷，状如袖筒，人行此间，有一种似在洞中穿行的感觉。穿过袖筒沟，便是“阎王鼻子”，又叫“鲤鱼脊”，实际上是一道窄窄的山梁，石径宽不盈尺，如蛇盘旋，千折百回，忽隐忽现，人行其中，尤如在阎王鼻子上行走一般，令人魂飞魄散。再沿石阶上行，便是"小鬼儿脸"，一侧是铁青色石崖，一侧是深不见底的山谷，游人势必要靠崖而行，每迈一步都会心惊胆战。

走过三个惊险之处，沿一条较为平缓的山道便到了棋盘陀，驻足大棋盘，仿佛仍能看见孙膑与王禅老祖下棋对弈的神态，那棵古树下还能瞧见嫦娥的身影。这里地势平坦，视野开阔，实为游人小憩的好去处。再往上便是棋盘陀的顶峰，狼牙山五勇士纪念塔就矗立在顶峰之上。经过重新装修加固的纪念塔，更显得雄浑、庄严而肃穆。向西眺望，即是五勇士跳崖处。登至塔顶的凉亭，俯瞰易州大地，漕河如玉带缠绕着茫茫的群山，顿觉心旷神怡。

除此之外，在棋盘陀的周围，人文景观数不胜数，如蚕姑圣母院、孙祖洞、三教堂、灵峰院、仙女泉、相思崖等，都有一段说不完的精美传说。由于历史与现实的结合，成为人们陶冶情操的佳境。

在纪念馆至纪念塔的沿途石壁上，共有四处摩崖石刻，即聂荣臻元帅的"狼牙壮士"，杨成武将军的"狼牙山"，著名书法家、中国硬笔书法协会主席庞中华书写的"银甲巍然"和古今为易州十景之一的"狼山竞秀"。这些摩崖石刻，书写刚劲有力，具有极高的艺术欣赏价值，加之与狼牙山雄浑的气势融为一体，便使人们在艺术享受的同时，仿佛又回到了那战火纷飞的年代，浮现出狼牙山的英雄们与顽敌激战的壮烈场面，催人奋进，勇往直前，疲劳饥渴顿时消失。

五勇士精神激励了几代人，五勇士的鲜血染红了狼牙山。景区内的五勇士纪念塔、陈列馆、跳崖处、阻击战旧址等多处爱国主义教育场点，其中，五勇士纪念塔为国家级纪念建筑物保护单位。狼牙山附近还有黄土岭战役纪念馆及击毙阿部归秀原址、八路军卫校和白求恩工作过的野战医院、马宝玉三烈士长眠的北娄山烈士陵园等许多红色景点。

一个特殊的年代，造就了一批让后人永远无法忘怀的英雄形象。

历史并未忘记英雄马宝玉、胡福才、胡德林、葛振林、宋学义。在他们的家乡、部队，不管是为英雄塑像，还是以英雄的名字命名小学、中学、中队等，英雄的形象其实早已刻在了每个人的心上。

还有无数牺牲在狼牙山的烈士，他们永远在这里长眠。正是千千万万的无名英雄，筑起了血肉长城，将侵略者赶出了家园。虽然他们没有像狼牙山五壮士一样留下自己的名字，但在人们的心中："他们都还活着，和狼牙山肩并肩地站在一起！"他们是永远矗立在人们心中的丰碑。

有人说："一个没有英雄的民族，是一个没有希望的民族，有了英雄，没有人去崇拜，是一个没落的民族。"那些为民族的存亡作出过贡献的人们，永远是我们民族的脊梁，谁能否认他们的光芒？他们的精神过时了吗？我们该用什么方式纪念他们以及应该怎样去发扬英雄的精神？

我们憎恶战争，但绝不能忘记历史，"忘记"就意味着"背叛"。

历史已经远去，战斗的血迹也已消失，但历史的烟尘不散，英雄的魂魄不散，狼牙山石壁上那无数的弹痕没有消失，那是刻在历史深处和人们心中的记忆。

透过历史的烟尘，人们在安乐而平淡的生活中，在黎明或者黄昏的悠闲散步中，仿佛仍能听到从狼牙山上飘来的低沉而雄壮的歌声：

棋盘陀，山崖高，壮士的血花红，血花红，血花红，
勇敢的八路军，五个好英雄……